꿈꿔라! 인생이 바뀐다

나폴레온 힐 성공의 법칙 **❶**

◆ 성공학편 ◆

꿈꿔라!
인생이 바뀐다

나폴레온 힐 성공의 법칙

◆ 성공학편 ◆

나폴레온 힐 원저 | 김정수 편저

중앙경제평론사

학(學)은 술(術)을 통해서 완성된다

자기계발에 대한 최근의 관심은 거의 신드롬에 가깝다. 용어가 어찌되었든 서점에는 각종 자기계발에 대한 책이 넘쳐나고 유사한 주제의 교육 또한 범람한다. 그 결과 많은 사람들이 이런 류의 책에 빠져들거나 비싼 돈을 내고 세미나 등에 참석한다. 그러고는 배운 내용에 큰 감명을 받아 이를 실천해서 자기 것으로 만들겠다고 다짐한다.

그러나 실제로 일상생활에 적용하고 실천함으로써 원하는 것을 얻는 사람은 극히 소수이다. 달리 얘기하면 공부한 내용은 가슴 벅차고 희망이 부풀게 하지만 현실은 그렇지를 않다는 것이다.

결국 성공이나 부자, 시간관리 등의 자기계발 프로그램은 시대적인 유행의 소산으로 사람들에게 일종의 '판타지' 역할을 하고 있다. 그 순간에 무엇인가 원하는 것을 얻어 큰 성공을 했다는 자기 스스로의 만족이나 위안을 얻는 것이다.

물론 그 자체로도 의미가 있다. 그러나 어떤 '결과'를 원하는 사람들에게는 분명히 불만족스러운 것이 사실이다. 그렇다면 '왜 그런가?'에 대한 답을 찾아야 하는데 그것은 결국 '습관'의 문제로 귀결(歸結)된다.

많은 석학들이 강조하는 것을 종합하면 우리가 하는 일의 대부분(95%)은 습관에서 비롯된다고 한다.

고대 그리스의 아리스토텔레스도 대부분의 일은 의식적으로 하는 행위가 아니라 무의식적인 습관으로부터 나온다고 설파하고 있다. 아주 오래전에 그는 이미 모든 사람들의 부(富)와 성공은 좋은 내용을 자기화(化),

즉 습관화하는 데에서부터 시작된다고 간파하고 있는 것이다.

　그렇다! 자기를 완성하고 다른 사람보다 앞서기 위해서는 실천이라는 행위를 일회성으로 끝내서는 안 되며 지속하는 것이 중요하다. 바꿔 얘기하면 성공을 하고 뜻을 이루는 데는 '이론' 에 정통하는 것보다도 매일의 '실천' 이 더 중요하다는 점이다. 어떤 배움과 깨달음도 지속적인 행위를 통해 자기 것으로 만들어가야 하는 것이다.

　더 구체적으로 보면 남보다 탁월해지기 위해 노력하는 모든 행위를 '무의식적인 습관' 으로 만드는 것이 성공으로 가는 포인트인 것이다.

　결국 자기계발이란 주제는 어떤 계기로 인해 깨우친 내용을 점차적으로 갈고 닦아나가야 한다는 점에서 일종의 돈오점수(頓悟漸修)인 셈이다.

　물론 습관은 그 누군가가 대신해주는 것이 아니라 자신이 스스로 만들어가야 한다. 그렇게 본다면 이 책도 다른 책의 범주를 크게 벗어나지 않는다. 왜냐하면 이 책 역시 독자들에게 '습관' 이라는 과정을 요구하기 때문이다.

　그런 이유로 편저자(編著者)는 주위의 범람하는 책들처럼 이 책만 읽으면 독자들의 삶이 획기적으로 변한다고 주장할 마음이 추호도 없다. 그렇지만 이 책을 자세히 정독한 후 그 내용을 실제의 생활에서 일상화한다면 자신이 원하는 삶으로 바뀔 수 있다고 자신 있게 말할 수 있다.

　또 이 책을 통해 경영자라면 그 고유의 업무(많은 파이를 만들어내는 일)에서, 직장인은 성공적인 일상에서, 누구를 가르치는 일이 본업이라면 풍부한 아이템으로, 학생은 성적 향상과 더불어 향후 인생을 어찌 살아야 할 것인지에 대한 본질적인 질문에, 주부라면 자신의 참된 삶과 꿈에 대해 일정한 솔루션을 얻을 수 있을 것이다.

　이렇게 자신 있게 주장하는 근거는 이 책이 실제 적용과는 관련 없는 출처불명의 그럴듯한 이야기만 나열한 책이 아니라 이미 오랜 기간 수많은 사람들에 의해 검증이 된 원전(原典)에 기초를 두고 있기 때문이다.

　이 책의 원저자(原著者)인 나폴레온 힐(Napoleon Hill)은 1883년 미(美) 버지니아주(州) 남서부의 와이즈 카운티라는 작은 마을에서 가난한 대장간집의 아들로 태어났다. 12세가 되기 전 일찌감치 어머니를 여의고 친척들에 의해 자라야 했을 만큼 힘든 어린 시절을 보냈다.

　그 뒤 잡지사의 기자로 사회생활의 첫걸음을 시작한 1908년 가을, 그의 운명을 바꿀 한 사람을 만나게 된다. 그가 당대의 대(大)성공자 앤드류 카네기(Andrew Carnegie)였다. 그 대선배로부터 많은 얘기를 듣고 젊은 나폴레온 힐은 깊은 감명을 받는다. 그리고 그는 카네기의 요청으로 만인이 활용할 수 있는 성공비결의 체계화에 착수하게 된다.

　우선 카네기가 주선해준 당대(當代)의 성공자 507명을 한 사람씩 만나 그들로부터 성공의 비결을 듣고 내용을 정리하여 책으로 펴낸다. 그 책이 불후의 명작으로 회자되는 《성공의 법칙(The Law of Success)》이다. 나폴레온 힐이 그 책을 완성한 때가 카네기와의 만남 이후 꼭 20년이 지난 1928년이었다.

　한마디로 《성공의 법칙》은 한 사람이 무려 20년이라는 세월 동안 청춘을 바쳐 당대의 내로라하는 성공자들을 인터뷰하고 그들의 성공원리를 연구하여 책으로 정리한 엄청난 기록이라는 뜻이다.

　여러분이 지금 읽고 있는 이 책은 그 파란만장한 기록을 기본 텍스트로 하고 있다. 그러므로 여러분은 다양한 분야의 전무후무한 507명의 성공원리를 바탕으로 수십 년 동안 시대를 뛰어넘어 수많은 사람들의 삶에 지대한 영향을 끼친 책을 대하고 있는 것이다.

오래전에 책을 통하여 나폴레온 힐과 인연을 맺었던 편저자는 그의 철학에 깊이 심취했다. 왜냐하면 그 당시 편저자의 관심은 '성공'이었으며 책에서 주장하는 일관된 메시지도 역시 '성공'이었기 때문이다.

그것은 막연한 주제였으나 편저자는 책에서 얻은 영감과 자신감 등을 밑천삼아 비즈니스에 적용하였고 그 결과 자유(freedom)를 가지게 되었다. 진정한 자유는 원하는 것을 스스로 선택할 수 있는 '선택의 자유'이며 그를 위해 두 가지 요건(돈과 시간)이 필요하다.

또한 그런 요건들은 자기계발의 궁극적인 목표이기도 하다. 왜냐하면 성공을 갈망하는 사람들이 진정으로 바라는 '풍요롭고 품위 있는 삶'도 결국은 그 조건들이 기본적인 전제가 되기 때문이다.

이 책의 아이디어로부터 큰 확신을 얻어 선택의 자유를 얻은 많은 사람들(편저자를 포함)의 사례는 '실제로 효과를 낸 것'이라고 말할 수 있다.

그렇다! 모든 사람이 인정하듯 어떤 주장이나 철학의 가치는 그것을 접한 후 각자의 사고를 행동으로 촉진할 때에 있는 것이지 그 자체로는 단지 이론에 불과하다.

예컨대 어떤 이론이나 법칙 혹은 원리를 막론하고 그 최종적인 평가는 '실제로 효과를 내느냐'에 달려 있다. 이것이 뒷받침되지 않으면 제 아무리 훌륭한 얘기도 공허한 것이다. 그 점에서 이 책은 좋은 점수를 받을 수 있다.

책을 통한 인연으로 편저자는 벅차고도 과분하게 《성공의 법칙》을 '편역(編譯)'하게 되었다. 물론 나폴레온 힐의 책을 접하고 생활화하면서 언젠가 때가 되면 그의 철학을 '내 나름대로 해석해 보리라'는 생각을 가지고 있었다. 그래서 편역 작업은 즐겁고 행복한 일이었다.

　　그러나 아쉬운 점이 있었다. '야전(野戰)' 출신인 편저자의 입장에서 볼 때 그 책이 성공학(學)을 표방하고 있지만 내용으로 보면 성공술(術), 즉 '방법론'도 함께 다루고 있기 때문이었다.

　　과학이 있으면 기술이 있어야 하듯이 학(學)은 술(術)을 통해서만이 비로소 현실세계에서 자신을 입증할 수 있다. 그래서 한 권으로 된 방대한 분량의 《성공의 법칙》 내용을 두 권(學, 術)으로 분류하면 저자의 집필 의도가 더욱 분명해질 수 있다는 취지 하에 새로 쓰게 된 것이 이 책(1~2권)이다.

　　물론 원저자의 의도를 훼손하지 않으면서 글의 메시지를 가장 명료하고 간결한 방법으로 전달하는 것이 쉬운 작업은 아니었다. 그리고 그것은 일종의 관(觀)을 요구하는 일이기도 했다.

　　그럼에도 이 책은 세상에 선을 보이게 되었다. 노력을 많이 했지만 부족한 점이 있다면 그것은 순전히 편저자의 책임이다. 물론 교훈을 얻어 자신의 뜻을 이루는 데 도움이 된다면 그것은 원저자인 나폴레온 힐의 몫이다. 독자 제현의 아낌없는 성원을 바란다.

김정수(金正秀)

Contents

⬊ 1장 성취는 정확한 사고로부터

✚ **성공의 출발선, 정확한 사고 • 14**
정확한 사고를 위한 필수적인 요소 • 16
완전한 지식과 타인의 간접 경험 • 19
진실을 찾아내는 능력의 이점 • 22

✚ **창조적인 사고와 자기암시 • 25**
잠재의식에서부터 자기암시로 • 28
돈의 법칙, 진화의 법칙 • 30

✚ **자기암시의 건설적 이용의 결과 • 34**
긍정적인 마음가짐의 효과 • 37
인간의 위대한 힘, 상상력 • 41

✚ **정신력은 모든 사고의 원동력 • 45**
목표달성과 자기암시의 가치 • 47
성공은 '사고'의 힘을 이용하는 것 • 53

⬊ 2장 명확한 중점 목표의 황금률

✚ **인생 성공을 위한 트레이닝 • 62**
어느 에스키모의 편견 이야기 • 65
새로운 것을 받아들이는 자세 • 68

✚ **앤드류 카네기의 마스터 마인드 • 70**
승리, 조직화된 노력의 가치 • 74
5% 성공자와 95%의 실패자 • 76
자기암시는 일종의 자기최면 • 79

✚ **유유상종, 인간관계의 바탕 • 83**
우유부단과 무력함의 이유 • 86
불타는 욕망은 강한 자성체로 • 89

✚ **욕망에서 성취로 가는 단계 • 92**
명확한 목표 실현은 참된 연대로부터 • 96
중점 목표는 '취미'가 되어야 한다 • 100

⬇ **3장 자기 확신으로 충전된 파워**

✚ **인간의 6가지 기본적인 두려움 • 108**
자연의 힘을 이용한 위대한 성취 • 111

✚ **인간의 6가지 두려움의 기원과 속성 • 115**
① 가난에 대한 두려움 • 116
② 늙음에 대한 두려움 • 118
③ 타인의 비판에 대한 두려움 • 119
④ 사랑 상실에 대한 두려움 • 121
⑤ 건강 상실에 대한 두려움 • 122
⑥ 죽음에 대한 두려움 • 123

✚ **사회적 유전법칙의 영향력 • 125**
사회적 유전의 습득과정 [1] • 126
사회적 유전의 습득과정 [2] • 128

사회적 유전의 습득과정 [3] • 129
사회적 유전의 습득과정 [4] • 130
부자 아빠를 둔 두 아들 이야기 • 133

➕ **자기 확신으로 충전된 성공의 힘 • 135**
반복적인 확인을 통한 방향 제시 • 138
자기 확신을 위한 5가지 공식 • 143
인생에 중요한 전환점의 계기 • 147

4장 상상력을 통한 새로운 결합

➕ **상상력의 원리, 텔레파시(Telepathy) • 158**
자신이 절대적인 통제권을 지닌 것 • 161
상상의 해석적인 속성과 창조적인 속성 • 164

➕ **상상력을 응용, 아이디어를 현실화 • 167**
노력과 상상력이 결합될 때의 성취 가능성 • 170
상상력과 기존의 사고를 결합시키는 것 • 174

➕ **상상력의 무한한 파워 • 178**
강력하고 호소력을 지닌 협상력 • 180
모든 인간은 이기적이다 • 185
많은 부분에서 인간은 유사하다 • 188

➕ **상상력과 결단력의 가치 • 191**
성공은 세심한 계획의 결과 • 193
효과적인 판매를 위한 아이디어 • 197
상상력은 실질적인 부가가치 • 201

5장 모든 결과는 열정으로부터

➕ 열정이 성공에 미치는 영향 • 210
역동적인 삶을 위한 원동력 • 212
100만 달러 구두닦이 • 214
열정은 패배할 줄 모른다 • 217

➕ 암시가 상대방에게 주는 영향 • 219
행동이 말보다 더 중요하다 • 221
성공을 위한 암시의 절차 • 224
효과적인 동기유발 전략 • 227

➕ 성공하는 사람, 실패하는 사람 • 230
암시와 열정은 마음으로 전달된다 • 232
마음을 여는 동기부여 기법 • 236
자기 자신을 속일 수는 없다 • 239

➕ 긍정적인 암시, 부정적인 암시 • 242
자기암시와 열정과의 결합 • 244
인품, 진정한 의미의 힘 • 248

1장

성취는 정확한
사고로부터

성공의 출발선, 정확한 사고

같은 능력과 기회가 있었음에도 불구하고 사람 간에 차이가 나는 이유가 무엇일까? 당신 주변의 많은 사람들 중에도 인생을 통틀어 기회가 없었던 사람과 더 이상 아무런 기회가 주어지지 않는 사람들도 있을 것이다. 또 능력이 못한 사람도 있을 것이고, 자신의 능력보다 위대한 성공을 거둔 사람도 있을 것이다.

인류는 과거 몇 천 년 동안 나무로 배를 만들어왔으며 나무 이외에 다른 재료로 배를 만드는 것은 상상조차 하지 못했다. 왜냐하면 오직 나무라는 재료만이 물 위에 뜬다고 믿어왔기 때문이다. 그 당시 사람들의 사고방식으로는 철제가 물에 뜬다고는 상상도 하지 못했다.

그만큼 이들의 생각은 진보적이지 못했다. 같은 양의 물질이 존재할 때 물보다 가벼운 물질은 무엇이든 물에 뜬다는 사실을 알지 못해서 이것을 발견할 때까지 인류는 오직 나무로 배를 만들어왔다.

얼마 전까지만 해도 대부분의 사람들은 오직 새만이 하늘을 날 수 있다고 생각했다. 그러나 지금은 새보다 오히려 더 빠른 속도로 하늘을 날고 있다. 또한 얼마 전까지만 해도 사람들은 공기라고 불리는 공간이 지구상의 어떤 것보다 더 활기차고 민감한지에 대해서 알지 못했다.

인간의 음성이 전기선을 통하지 않고도 번개와 같은 속도로 먼 곳까지 전해지리라곤 상상하지 못했다. 이 모든 발전이 과연 사람들의 오픈 마인드 없이 가능할 수 있었을까?

이번 장의 목표가 바로 여기에 있다. 당신이 마음을 활짝 열고 정확한 사고(思考)를 할 수 있도록 돕는 것이다. 그리고 이러한 마음가짐은 당신이 성공을 거두는 데 큰 도움이 될 것이다.

정확하게 사고하는 사람들은 타인과의 교류에 자신을 다스리는 엄격한 잣대가 있다. 설령 이 잣대가 자신에게 일시적인 손해를 입히더라도 그들은 이를 예외 없이 지키고 있다. 정확한 사고를 하는 사람이 된다는 것은 어찌 보면 자신만의 엄격한 기준을 지키느라 잠시 동안 손해를 본다는 말도 될 것이다.

하지만 기억하라. 그 손해는 조만간 더 큰 보상으로 자신에게 다시 돌아온다는 것을…….

독자들은 이 책을 읽으면서 성공의 의미가 물질적인 것에 국한되었다고 이해할 수도 있다. 왜냐하면 대부분의 사람들이 생각하는 성공이란 단순히 '부의 축적'이기 때문이다.

물론 이 책의 내용 중 일부는 분명 물질적인 부를 찾아 헤매는 사람들을 위한 것이다. 만일 내가 성공으로 가는 길을 설명할 때 사업, 금융, 산업과 같은 것이 아닌 다른 측면으로 설명을 한다면 이 책을 읽는 대부분의 독자들이 실망할 것이라는 사실을 안다.

일반적으로 대부분의 사람들은 'SUCCESS(성공)'라는 단어를 '$UCCE$$'라고 쓰고자 하는 것이 현실이기 때문이다.

좋다. 그저 보통 사람들이 그리는 성공을 기대하는 사람들에게는 그런 내용만으로도 충분할 것이다. 하지만 다른 사람보다 좀더 높은 경지에 오르고 싶은 사람들, 즉 물질적인 잣대만으로 성공을 가늠하지 않는 사람들을 위해 지금부터의 내용을 살펴보기로 하자.

정확한 사고를 위한 필수적인 요소

정확한 사고를 하기 위해서는 다음과 같은 2가지의 필수적인 요소가 있다.

첫째 : 새로운 정보뿐 아니라 그 정보에 포함된 진실을 가려낼 줄 알아야 한다. 당신이 수시로 접하는 수많은 정보들 중 사실을 근거로 하지 않은 것들이 상당수 존재하기 때문이다.

둘째 : 그 정보를 중요한 것과 중요하지 않은 것, 혹은 타당성이 있는 것과 그렇지 않은 것으로 분류할 줄 알아야 한다.

이 과정을 거쳐야만 비로소 당신은 정확하게 사고를 할 수 있게 된다.

쉽게 말해 당신의 성공에 크게 사용된 정보는 중요할 뿐 아니라 타당성이 있는 것들이며, 버려진 정보들은 중요하지도 않고 타당성도 결여되어 있는 것들이었다.

같은 능력과 기회가 있었음에도 불구하고 사람 간에 차이가 나는 이유는 이러한 분류를 잘하는 사람이 있는 반면에 그렇지 못한 사람도 상당히 많기 때문이다.

주위에 성공하는 사람들을 잘 살펴보라. 그 사람들은 어떤 일을 할 때 중요한 것을 골라내고 적절히 사용할 줄 안다. 결국 열심히 일만 한다고 해서 얻어지는 것이 성공은 아니다. 오히려 그 사람들은 당신보다 적게 혹은 쉽게 일할 것이다.

그들은 중요하거나 중요하지 않은 진실을 가려내는 능력 덕분에 마치 지렛대를 밟고 올라서는 것처럼 단지 손가락 하나만으로도 다른 사람들이 온몸을 바쳐 감당해야 하는 무게를 지탱하고 있는 것이다.

중요한 진실만을 신중히 골라 자신의 일에 이용하는 사람들은 남들이 1파운드의 힘을 지닌 망치로 공사를 할 때 10톤의 위력을 지닌 망치를 가지고 공사하는 것과 같다. 그만큼 성공이라는 고지에 남들보다 한 발자국 앞서갈 수 있는 것이다.

앞의 비유가 매우 유치하다고 생각하는 사람이 있는가?

이 책의 독자들 중에는 아직 복잡한 용어들을 사용하여 사고할 수 있는 능력이 부족한 사람들이 있을 것이다. 그들에게 복잡한 것을 강요하는 행위는 아무런 희망도 남겨주지 않은 채로 그들을 버려두는 것과 마찬가지라는 점을 명심하자.

이제 이쯤 설명하면 중요한 진실과 단순한 정보를 구분하는 일이 얼마나 중요한지 이해할 수 있을 것이다. 자신의 귀에 들리는 모든 말을 곧이곧대로 믿는 사람이 있다.

이러한 부류의 사람은 바람소리에 실려오는 소문에도 심지가 흔들리며 아무런 분석이나 판단 없이 신문에 게재된 사실 혹은 남들이 판단한 결과를 그대로 믿어버린다. 심지어 자신의 적이나 경쟁자가 말한 것도 그대로 받아들인다.

당신이 알고 지내는 사람들 중에도 이러한 부류의 사람이 분명히 있을 것이다. 그 중 한 명을 골라 잘 살펴보라. 보통 이 사람들은 대화를 할 때 '내가 신문에서 봤는데……' 혹은 '누가 그러는데……' 라는 말로 시작한다.

그러나 정확한 사고를 하는 사람들은 신문에 난 기사들이 모두 사실이 아니라는 것쯤은 알고 있다. 그리고 '누가 그러는데……' 라고 시작하는 말들은 대부분 진실보단 거짓이 많다는 걸 알고 있다. 당신이 위와 같이 남의 말을 잘 믿어버리는 부류의 사람이라면 정확한 사고를 하기엔 갈 길이 너무 멀다.

물론 대부분의 진실이나 중요한 정보는 마치 소문의 한 부분인 양 신문에 보도되는 경우가 많다. 그러나 정확한 사고를 하는 사람들은 결코 자신의 눈에 보이는 것과 귀에 들리는 말을 무조건 믿지 않는다.

이 부분이 내가 가장 강조하고 싶은 부분이다. 왜냐하면 눈에 보이고 귀에 들리는 많은 말들은 바다에 있는 돌이나 암초와 같아서 사람들이 잘못된 정보의 바다에서 빠져나오지 못하고 허우적거리게 하기 때문이다.

소송절차에 보면 '증거의 법칙' 이라는 원칙이 있다. 이 원칙의 목표는 진실을 얻는 것. 자신의 판단 하에 진실이라고 생각되는 정보만을 받아들인다면 지금 하고 있는 모든 일들을 공정하게 처리할 수 있을 것이라는 점이다.

그러나 증거의 법칙을 무시하고 성급한 결론을 내린다거나 근거 없는 소문을 믿고 모든 일을 판단해 버린다면 죄 없는 사람들을 무고할 수도 있다.

또한 증거의 법칙은 이것이 적용되는 주제나 쓰이는 배경에 따라 변하게 된다. 확실한 것이 없는 상황에서도 만약 자신의 앞에 놓인 확실한 증거물에 기반을 두어 판단하게 되면 크게 잘못된 결정을 내리지는 않을 것이다.

이번 장에서 가장 결정적이고 중요한 포인트가 바로 여기 있다. 결코 가볍게 넘기지 마라.

대다수 사람들이 자신이 지금 실수하고 있다는 것을 알면서도 실수를 저지를 때가 있다. 지금 자신의 행동이 다른 사람의 권리를 침해하는지는 전혀 고려하지 않고 오직 자신의 관심사 때문에 진실을 악용하는 경우가 허다하다.

시간이 지나 뼈저리게 후회를 하겠지만 요즘 세상의 추세가 그렇다. 진실의 정확도는 고려하지 않고 오직 자신의 입맛에 맞게 해석해 버리곤 한다.

완전한 지식과 타인의 간접 경험

이제 정확한 사고를 하기 위해 무엇이 필요한지 점검해보자.

먼저 원칙을 지키는 철저한 이성(理性)과 남의 말에도 흔들림 없는 성격이 뒷받침되어야 한다. 이 두 가지를 얻기 위해 당신은 지금 이 책을 읽고 있는 것이다. 정확한 사고를 하는 데 아주 잠시 동안 손해를 입을지도 모른다는 것은 누구도 부인할 수 없다.

하지만 분명한 것은 이 손해엔 반드시 보상이 따른다는 점이다. 자신이 입은 손해에 비해 상상할 수도 없을 만큼 거대한 보상이 따를 것이다. 이 점에 대해선 의심하지 않아도 좋다.

진실을 찾아 나서는 사람에게 꼭 필요한 몇 가지 요소가 있다. 그것은 완전한 지식과 타인의 간접 경험이다. 자기 귀에 들리는 정보는 물론이고 그 정보를 준 사람에 대해 신중하게 검토를 해본 뒤 그 결과가 믿을 수 있을 만큼 타당하다면 좀더 자세한 조사가 필요하다.

왜냐하면 그 증거를 통해 이득을 얻을 수 있다면 많은 증거 제공자들이 그 이득을 얻기 위해서 증거를 왜곡할 수 있기 때문이다.

만약 어떤 사람이 다른 사람을 비방하는 경우 그 사람의 말은 조심해서 주의 깊게 들어야 한다. 왜냐하면 대부분 사람들이 자신이 싫어하는 사람에게는 나쁜 점만 찾으려 하기 때문이다. 바로 이것이 현대의 추세이다.

이에 반해 정확한 사고를 하는 사람들은 심지어 적 앞에서도 자신의 허물에 대해 가감 없이 밝힐 수 있으며 자신의 미덕에 대해선 최대한 겸손하게 말한다.

유능한 사람들은 자신의 적이나 경쟁자를 하찮게 여기는 등의 저속한 습관을 갖고 있지 않다. 그리고 이 점은 여러 번 강조해도 지나치지 않다.

지금 내가 말하는 세상의 추세를 명심해서 살펴볼 필요가 있다. 이 점이 당신의 정확한 사고력을 그르치게 하는 요인들이다.

 정확한 사고를 하기 전에 분명히 다음과 같은 사실을 염두에 두고 이해할 줄 알아야 한다. 그것은 어떤 사람이 삶을 살아가면서 지도자의 자리에 올라서게 되면 그 사람을 중상모략하는 사람들이 주변에 생기게 마련이고, 그의 인격에 대해 이런저런 소문들이 떠돌게 되는 법이라는 점이다.

 성격이 아주 좋은 사람이라 하더라도 자신이 어떤 일을 하는데 남에게 해를 주는 나쁜 사람들을 평생 피하면서 살아갈 수는 없다.

 또 누군가에게 긍정적인 정보를 들었다면 그대로 받아들인다 해도 아무런 해가 없을 수도 있다. 그 반대의 경우에는 증거의 법칙 하에 면밀한 조사가 필요하다.

 이렇게 보면 정확한 사고라 함은 당신의 특권인 동시에 의무이다. 그러므로 어떻게 해서라도 소문과 사실을 구분해야 한다.

 자신에게 들려오는 모든 정보에 줏대 없이 흔들리거나 경망스럽게 행동해서는 결코 정확하게 사고하는 사람이 되지 못할 것이며, 그렇게 되면 당신은 인생의 '명확한 중점 목표'를 달성하지 못할 것이다.

 대다수의 사람들은 편견과 증오심으로 경쟁자의 장점을 과소평가하는 바람에 실패하게 된다. 정확한 사고를 하는 사람들은 사실을 본다. 선입관이나 증오 혹은 질투심 없는 객관적인 시선으로 정보를 받아들인다.

 정확한 사고를 하는 사람은 스포츠맨에 견줄 수 있다. 적어도 스스로에게는 정정당당하고 타인에게서 단점은 물론 장점도 찾아낼 줄 안다.

"난 다른 사람을 속일 수 있다고 생각하지 않는다. 다시 말해 난 나 자신을 속일 수 있는 능력이 없다."

이것은 정확한 사고를 하는 사람의 모토가 되어야 함은 물론이다.

진실을 찾아내는 능력의 이점

지금까지 주어진 '힌트'들이 사실을 찾아내는 것의 중요성을 충분히 전달했다는 가정 하에 이제는 이런 사실들을 구성하고 분류하고 사용하는 문제에 대해서 알아보자.

다시 한번 여러분 주변의 사람들 중 노력하는 것에 비해 큰 성공을 거두는 사람들을 살펴보라. 이 사람들은 자신에게 들려오는 정보들 중 진실만을 적절히 골라 사용하는 방법을 터득하고 있고, 보수보다 많은 일을 하는 습관을 잘 이용하는 일종의 전략가임을 알게 될 것이다.

자긍심을 가지고 진실만을 이용해 일을 하는 사람들은 임기응변에 능하지는 않지만 모든 일을 처리함에 망설인다거나 우유부단하지 않다. 덕분에 그들이 얻는 결과는 남들의 그것보다 훨씬 향상된 것이다. 남들보다 빠르게 움직이지만 진실한 정보를 이용할 줄 모르는 사람에 비해 더 많은 것을 성취할 수 있는 이유가 바로 여기에 있다.

진실을 찾아내는 능력을 가진 사람은 정확한 사고를 하는 단계에 한 걸음 더 가까이 간 셈이다. 그 중에서도 중요한 것과 중요하지 않은 사실을 가려내는 능력을 가진 사람은 더 정확한 사고를 할 수 있는 단계에 다가 간 셈이다.

후자는 이렇게 비유할 수 있다.

'남들은 만 번의 망치질을 해야 얻을 수 있는 성공을 이 사람은 단 한 번으로 얻는다.'

간단히 분석해보면 오직 소수의 사람들만이 중요한 진실 혹은 타당성 있는 사실을 자신의 일에 이용할 수 있었다. 지금 우리 주위에서도 훌륭 한 예를 많이 볼 수 있다. 현재 세상이 말하는 성공은 바로 '부의 축적' 이다.

그렇다면 역사상 가장 많은 부를 축적했던 존 록펠러를 한번 살펴보기 로 하자.

록펠러의 인간성 중 유독 빛나는 별처럼 가장 두드러진 점이 있었다. 자신이 하는 사업에 타당성이 있는 진실만을 이용했다는 점이다. 그가 어렸을 때(다른 말로 하자면 그가 가난했을 때), 그의 인생 목표는 '부의 축 적' 이었다. 그러나 결코 이것만이 록펠러의 인생을 살펴보자는 목적은 아니다.

혹자는 '록펠러가 그의 경쟁자들을 대할 때 항상 공정하지만은 않았 다' 라고 말한다. 이 말이 사실일 수도, 그렇지 않을 수도 있다(정확한 사고 를 하는 사람들처럼 이 점에 대해서는 그냥 넘어가겠다).

그러나 아무도(심지어 그의 경쟁자까지도) 록펠러가 경솔하게 판단하는 사람이라고 하지 않으며, 그의 경쟁자를 과소평가하는 사람이라고 말하지 않는다. 그는 언제 어디서든 자신의 사업에 유용한 진실을 인식하고 받아들였다. 뿐만 아니라 자신의 잣대에 비추어 그 정보가 진실이라고 확신할 때까지 정보에 대한 조사를 멈추지 않았다.

또 하나의 훌륭한 예로 토머스 에디슨을 들어보자.

에디슨은 자연의 법칙을 첫 번째로 삼았기 때문에 이 법칙들을 이용하기 전에 반드시 진실임을 확인했을 것이다. 당신이 전기 스위치를 켤 때마다 우리가 누리는 이 편의는 에디슨이 타당성 있는 진실만을 가려 사용한 덕이라는 점을 기억하자.

역시 축음기에서 나는 소리를 들을 때마다 확인된 사실만을 이용한 에디슨의 노력의 결과라는 점을 기억하라! 아울러 당신이 영화를 보러갈 때마다 에디슨이 중요한 진실만을 가려 연구에 이용한 덕분임을 기억하라!

과학 분야에 타당성 있는 진실은 가장 힘센 무기이다. 단순한 정보나 남에게서 흘려들은 사실들은 에디슨에게 가치 없는 무용지물일 뿐이었다. 만약 에디슨이 아무런 판단 없이 들려오는 모든 정보들을 이용했다면 그는 평생을 쓸데없는 일에 시간을 낭비했을 것이다.

어디선가 흘려들은 증거로는 백열등을 발명할 수 없었고 축음기나 영화를 발명할 수도 없었다. 그럼에도 혹시 어떤 발명이 있었다면 그것은 단순한 '우연'이었을 것이다. 이번 장을 읽음으로 해서 그런 '우연'을 피할 수 있는 사람이 되어보자.

이제 타당성 있는 진실은 과연 무엇인가 하는 궁금증이 떠오를 것이다.

이에 대한 대답은 당신의 인생의 명확한 중점 목표가 무엇이냐에 따라 달라진다. 중요하고 타당성 있는 진실이란 당신이 이용할 수 있는 진실이다. 타인의 간섭 없이 당신 자신만의 목적에 맞게 이용되는 진실을 가리킨다. 그 외의 것들은 덜 중요할 뿐더러 당신의 성공에 관계없는 정보일 뿐이다.

이런 중요하지 않고 관계없는 정보들을 구성하고, 분류하고 사용하는 데도 똑같이 노력할 수는 있겠지만 중요하고 관계있는 정보들을 위해 노력하는 것에 비해서 많은 것을 얻지는 못할 것이다.

⧗ 창조적인 사고와 자기암시

> 창조적인 사고를 하려면 신념을 갖고 일해야 한다. 대부분의 사람들은 이 사실을 모르고 신념이 부족한 나머지 창조적인 사고를 하지 못한다. 가장 무지한 사람들이라도 연역적 추론이나 물리적이고 물질적인 본질에 기반을 둔 사고를 할 수는 있다. 그러나 한 단계 올라가서 무한한 지성을 가지고 사고하는 것은 전혀 다른 차원이다.

지금까지 정확한 사고의 여러 측면 중 연역적 추론(演繹的 推論)에 기반을 둔 한 가지 요소에 대해서만 알아보았다. 이제는 단순히 사실들을 모으고 구성하고 결합하는 것을 넘어선 사고에 대해서 생각해 볼 차례이다.

이 단계는 물론 독자들에게 다소 낯설 수 있다. 이것을 '창조적인 사고' 라고 칭하기로 하자. 왜 이것을 창조적인 사고라 부르는지 이해하기 위해서는 사람이 생각하는 능력을 갖기까지 어떤 진화과정을 거쳤는지 간략하게나마 공부할 필요가 있다.

사람이 가진 사고능력은 오랜 시간 진화를 거듭한 결과물이다. 트로와드(T. Troward) 판사는 그의 저서인 《성경의 신비와 의미(Bible Mystery and Bible Meaning)》를 통해 '진화의 최고봉은 인간이 될 것이다. 이는 필연적인 결과이다' 라고 말했다.

지금부터는 사고하는 인간이 창조되기까지 인류가 거쳐 온 5단계에 대해서 추리해보자.

1. 광물(무기물) 단계 : 가장 기초적인 형태. 동작이 없고 활동력도 없다. 운동성 없이 다량의 무기물만이 존재한다.

2. 식물 단계 : 조금 더 활성화된 단계이다. 음식을 모을 수 있고 생산할 수 있다. 하지만 고정된 자리에서 더 이상 나아가지 못한다.

3. 동물 단계 : 좀더 고등상태로 진보되어 지능도 제법 갖추고 여기저기 옮겨 다니는 생활을 하기도 하는 단계이다.

4. 생각하는 사람의 단계 : 최고의 지식단계로서 인류는 드디어 사고할 수 있는 능력을 갖게 되었다. 인류가 가진 에너지의 형태 중 '사고' 란 최고의 에너지 형태이다. 사고하는 인간에게 한계란 없다. 번개와 같은 속도로 사고의 결정체를 우주의 별까지 쏘아 올릴 수도 있으며, 타당성 있는 사실들을 모아서 조립한 뒤 새롭고 다양한 조화를 만들어낼 수도 있다.

가설을 세우고 해석한 뒤 실제로 가능한 상황을 만들어낸다. 이 모든 일들이 인간의 '사고'를 통해 이루어진다. 그러므로 인간은 귀납적으로 혹은 연역적으로 추리할 수 있으며 이 둘을 동시에 활용할 수 있다.

5. **영적인 단계** : 이 단계에서는 앞에서 언급한 4가지 단계들이 하나로 수렴된다. 지금 이 순간부터 '사고'하는 인간은 무한한 지성을 향해 꿈을 펼치고 성장한다. 우리가 생각하는 '사고'하는 인간은 아직 아기 단계와 같다. '영혼'이라 불리는 무한한 지성을 어떻게 자기 것으로 만드는지 모른다.

또한 몇몇의 예외를 제외하고는 그 무한한 지성에 접근하는 연결고리가 '사고'라는 것을 많은 사람들은 아직 모르고 있다. 그 몇몇의 예외란 모세, 솔로몬, 예수, 플라톤, 아리스토텔레스, 소크라테스, 공자, 그리고 또 다른 성인들의 경우를 말한다.

물론 그들이 살던 시대 이후로 지금까지 우리는 이 위대한 진실을 부분적으로나마 발견한 사람들을 많이 볼 수 있다. 그러나 그 위대한 진리는 아직도 그 당시의 수준에 머물러 있는 실정이다.

보통 우리는 자신이 가진 오감(시각, 청각, 촉각, 미각, 후각)이 느끼는 것만 받아들인다. 그러나 무한한 지성은 이 오감만으로 길러질 수 있는 것이 아니다.

그러면 어떻게 무한한 지성을 얻을 수 있을까? 자연스런 질문이다.

대답은 창조적인 사고를 통해서이다!

이를 위해서는 '자기암시(자기 자신에게 암시를 거는 것)'를 기억해야 한다. 인간은 자기암시를 통해서 얻고 싶은 것이나 계획, 구상 등을 잠재의식 속에 기록하는 것이다. 그것은 쉽게 배우고 이용할 수 있는 것이다.

잠재의식이란 의식세계와 무한한 지성을 연결하는 매개체이다. 또한 잠재의식을 통해서만 무한한 지성으로 가는 통로를 발견할 수 있다. 잠재의식에서는 당신이 정확히 무엇을 하고 싶은지 알려준다. 바로 이곳에서 우린 각자가 세운 인생의 명확한 중점 목표에 더 가까이 갈 수 있게 된다.

잠재의식에서부터 자기암시로

자, 이제부터 잠재의식의 특징에 대해서 알아보도록 하자.

'잠재의식은 자기암시를 통해 자신이 전달한 내용을 기록하고 있다가 무한한 지성을 통해 자연적인 행동으로 나타나게 된다.'

앞 문장을 잘 읽어보고 이해해야 한다. 아주 중요한 문장이다.

잠재의식이란 인간이 지닌 괄목할 만한 특징이다. 이것은 자신에게서 전달된 모든 제안들을 받아들이고 행동에 옮긴다. 그 제안이 건설적이든 파괴적이든, 외부로부터 오든 자의식에서 오든 상관하지 않는다.

달리 말하면 증거의 법칙에 기초하여 사실을 받아들여야 한다는 교훈이 얼마나 중요한지 다시 한번 깨닫게 될 것이다. 이번 장 첫 부분에 언급되었던 잠재의식에서 자기암시로 가는 과정을 신중하게 공부하자.

이것을 공부하면 과연 인간이 왜 그토록 진실을 찾아 헤매는지 알게 될 것이다. 그리고 남을 비방하는 자들에게 귀를 기울이는 것은 잠재의식에

독이 든 음식을 주는 것과 같아서 창조적인 사고를 방해하게 된다. 때문에 중상모략가나 험담가들에게 귀 기울여서는 안 된다.

잠재의식은 마치 카메라의 감광판(感光板)과도 같다. 모든 움직임을 일일이 다 기록할 수 있다. 카메라의 감광판은 녹화하고 싶은 것만 녹화할 수가 없다. 렌즈에 들어오는 모든 영상을 편집 없이 다 녹화해버린다. 반대로 깨어 있는 의식은 셔터와 같다. 카메라를 작동하는 사람 마음대로 찍고 싶은 것만 찍을 수 있다.

이렇게 카메라의 렌즈는 자기암시와도 같다. 왜냐하면 그것은 기록되는 이미지와 카메라 감광판 사이의 매개체 역할을 하기 때문이다. 그리고 무한한 지성은 감광판을 현상하는 사람과 같은데 이유는 영상을 물리적인 현실, 즉 실제적으로 눈에 보이는 사진으로 만들기 때문이다.

이와 같이 평범하고 일상적인 카메라가 창조적인 사고의 전 과정을 설명해 주는 훌륭한 도구가 된다. 반복하자면 창조적인 사고의 과정은 우리가 카메라를 가지고 사진을 찍는 과정과 유사하게 설명될 수 있다.

우선 카메라 앞에 사진을 찍을 사물을 위치시킨다. 이것은 인생에서의 최종 목표를 정하는 것에 비유될 수 있다. 그 다음으로 자기암시라는 렌즈를 통해 잠재의식이라는 감광판에 그 목표라는 사물을 찍는 것이다. 무한한 지성은 여기서 목표라는 사물을 그 본성에 적합한 물리적 형태로 바꿔주는 역할을 한다.

이제 당신이 해야 할 역할은 분명하다!

먼저 당신은 찍고 싶은 장면(인생의 명확한 중점 목표)을 선정한다. 그 다음에 자기암시를 위한 잠재의식과의 교류를 통해 포즈를 취하듯이 자신의 의식을 고정하고 나서 사진을 찍는다. 이후 그 사진이 제대로 표현되었는지를 확인한다.

명심하라. 당신은 무한한 지성이 명확한 중점 목표를 달성할 수 있게 해줄 것에 대한 기대 때문에, 즉 사진을 보고 싶은 기대 때문에 앉아서 기다리거나 침대로 기어들어가 잠들어 있으면 안 된다는 것이다.

물론 마지막 단계까지 한 번에 그 길이 열리지는 않을 것이다. 그러나 한 번 노력에 한 단계 정도는 분명히 열릴 것이다. 그러므로 첫 번째 단계를 취할 기회가 왔다고 생각될 때는 망설임 없이 그 요지를 받아들여라. 최종적인 목적을 달성하는 데 필수적인 두 번째, 세 번째, 네 번째, 그리고 그 이후 단계에서도 마찬가지이다. 그것이 당신의 명확한 중점 목표를 달성하는 데 매우 중요하다.

돈의 법칙, 진화의 법칙

무한한 지성이 당신에게 편안한 안식처를 마련해 주지는 않는다. 당신이 들어가서 쉬기만 하면 될 편안한 집을 배달해 주지는 않지만 그런 집을 지을 수 있는 재료와 기술은 가르쳐 줄 것이다. 그것으로 당신은 자신의 집을 손수 지어야 하는 것이다.

무한한 지성은 당신에게 쓸 만큼의 돈을 준비해 주지는 않는다. 당신 스스로가 잠재의식에 제안을 해야 할 일이며 그들은 당신이 돈을 벌거나 빌릴 수 있는 방법을 알려줄 것이다.

무한한 지성은 당신을 백악관에 모셔놓고 대통령을 만들어주지 않는다. 단지 당신에게 적합한 환경에서 대통령 못지않은 목표를 달성할 수 있도록 도움을 줄 것이다.

당신의 목표를 달성하는 과정에 기적을 바라지 마라. 무한한 지성이 당신을 인도하겠지만 그 자연스런 방법을 통해 자연의 법칙을 따라 목표를 달성해야 하는 것은 당신이다. 다시 말해 무한한 지성이 당신의 목표를 달성하게 해줄 수는 없으며 단지 그 목표에 한 발 다가가게 해줄 것이라는 점이다.

초보자 단계에서는 무한한 지성이 당신을 위해서 재빠르게 움직여 줄 것이라고 기대하지 마라. 그러나 자기암시 원칙을 사용하는 데 익숙해지고 믿음과 이해를 가지고 있다면 최종 목표를 달성할 수 있고 그 결과가 현실적으로 나타나는 것을 볼 수 있을 것이다.

당신이 처음 걸음마를 연습했을 때를 회상해 보라. 첫 연습에 걸을 수는 없었을 것이다. 하지만 지금 성인이 되고 난 후(걷는 것에 익숙해 진 후) 아무런 노력 없이도 당신은 걸을 수 있다. 심지어 당신은 지금 어린아이가 뒤뚱거리며 걸음마를 연습하는 모습을 보고 피식 웃을지도 모른다.

창조적인 사고를 처음 배우기 시작하는 사람으로서 당신은 이제 막 걸음마를 배우는 아이와도 같다. 이 비교가 정확하다는 증거를 가지고 있지만 열거하진 않겠다. 다만 당신 스스로의 힘으로 당신만의 방식으로 발견하게끔 도와줄 것이다.

항상 진화의 법칙을 명심하라.

이 법칙을 통해서 물리적인 모든 것들이 영구히 향상되고 유한한 지성을 벗어나 무한한 지성의 단계로 넘어갈 수 있다. 인류는 진화의 법칙을 보여주는 가장 고등하고 가치 있는 본보기이다. 인류는 고대 광물단계의 미네랄에서 처음 발견되었다. 생명은 있었지만 지성은 없었다.

다음 인류가 성장하고 식물의 발전(진화)을 통해 생명보다 높은 수준에 이르게 되었다. 이때 인류는 연명하기 위해 어느 정도의 지능을 사용했다. 그 다음으로 동물단계에 접어들게 된다. 비교적 높은 지능을 가졌으며 거주지를 옮길 수 있는 능력이 있었다.

이렇게 마지막으로 인간은 동물의 계보 중 우뚝 선 존재가 된다. 무한한 지성을 이용해 생각할 줄 아는 존재로 자리매김한 것이다. 물론 단 한 번의 노력으로 이 단계까지 온 것은 결코 아니다. 단계별로 한 번 혹은 몇 번의 환생을 거쳐 인간의 단계에 온 것이다.

바로 이 점을 명심하라. 왜 당신이 자연의 법칙을 앞질러 무한한 지성을 가질 수 없는지 알게 될 것이다. 때로는 이 법칙을 거슬러 갑작스럽게 단계를 뛰어오른 예를 보고 싶다면 일확천금으로 부자가 된 졸부들이나 부모에게 어마어마한 유산을 상속받은 사람들을 살펴보면 될 것이다.

록펠러가 가졌던 돈의 의미란 무엇이었을까. 그에게서 '돈'이란 물론 믿을 수 있는 존재였을 뿐 아니라 전 세계에 걸쳐 만연했던 무지나 전염병을 없애는 수단 혹은 그 이상 수천 가지의 방법으로 인류에 봉사를 하는 수단에 불과했다.

만일 록펠러의 재산이 록펠러가 아닌 무지한 아이의 손에 있었다면 우리는 전혀 다른 이야기를 듣게 되었을 것이다. 아이가 그 재산을 어떻게 썼을지는 인간의 본성에 대한 당신의 이해 정도에 맡기겠다.

만약 농사를 지어본 경험이 있다면 추수를 하기 전에 꼭 해야 할 몇 가지 과정이 있다는 것을 알 것이다. 당신도 알다시피 곡식은 햇볕이 잘 안 드는 나무 아래서는 잘 자라지 않는다. 성장에 필요한 적당한 햇볕과 수분이 필요하기 때문이다. 또한 농부는 반드시 땅을 일구고 그 땅에 적합한 곡식을 심어야 한다.

이 모든 과정이 끝나야만 자연이 돌려주는 대가를 기다릴 수 있다. 자연은 그저 묵묵히 사람이 한 만큼 되돌려 줄 뿐이다. 이것이 한 사람의 명확한 중점 목표를 제대로 이룰 수 있는 방법을 설명해주는 훌륭한 예이다.

우선 씨를 뿌릴 땅을 일궈야 하는데 이것은 명확한 중점 목표라는 씨앗이 심어질 수 있도록 무한한 지성과 신념, 그리고 자기암시와 잠재의식의 원리에 대한 이해를 갖추게 됨을 의미한다. 그 다음에는 그 목표라는 씨앗이 싹을 틔는 것을 기다리는 시기가 필요하다.

이 기간에는 씨가 말라버리지 않도록 꾸준한 햇볕과 수분이 공급되어야 한다. 즉, 꾸준히 신념을 가지고 노력해야 한다. 그렇게 되면 거대한 수확의 시간이 올 것이다.

우리는 지금까지 목표를 달성해 가는 과정을 농사에 비유해 보았다. 이 과정을 다시 한번 생각해보자. 창조적인 사고란 밭에 뿌린 씨앗이 잘 자라게 하기 위해 비료를 주고 건사하는 것과 같다.

만약 당신의 마음을 증오와 질투, 시기, 그리고 이기심과 탐욕으로 가득 채운다면 당신의 잠재의식은 인생의 명확한 중점 목표라는 씨앗의 싹을 틔우지 못할 것이며, 무한한 지성 또한 실제 행동으로 나타나지 못할 것이다. 부정적이고 파괴적인 생각들은 당신의 목표인 씨앗의 성장을 방해하는 잡초와도 같다.

창조적인 사고는 당신이 명확한 중점 목표를 달성하려는 마음가짐을 계속 유지할 것이라고 가정한다. 즉, 당신이 정해진 과정과 순서에 따라 그 목표를 달성하게 될 것이라는 믿음과 확신을 가지고 있다고 전제하는 것이다.

⌛ 자기암시의 건설적 이용의 결과

> 자기암시는 자신의 마음에 암시하는 것을 의미하며, 자신이 선택한 생각을 마음에 심는 원리이다. 무의식에 굳게 자리잡은 마음은 반복적인 확인 과정을 통해 자동적으로 계획과 청사진이 되어 자신의 노력을 성공으로 이끌 수 있도록 방향을 제시하게 된다. 결국 자기 자신 외에는 그 누구도 자신에게 성공을 가져다주지 못한다는 점이다.

자기암시는 건설적으로 이용되었을 때 위대한 성취를 가능케 하는 강력한 무기이다. 이것이 부정적으로 쓰인다면 모든 성공의 가능성을 없앨

34

것이며 또 계속 쓰인다면 당신의 건강마저도 해칠 수 있다.

외과의사와 정신과의사들의 경험을 신중하게 비교 분석한 결과 놀랄만한 정보를 얻을 수 있었다. 의사를 찾는 환자들 중 75%가 우울증으로 고통받고 있다고 한다.

쉬운 말로 풀어쓰자면 우울증이 있는 사람은 자신이 일종의 상상의 병으로부터 고통을 받고 있다고 생각하고 이 불쌍한 사람들은 자기가 모든 병에 걸렸다고 착각을 하게 된다.

우울증은 대개 스스로 중독이라는 증상을 일으키며, 혹은 장기기관의 이상을 초래한다. 이와 같이 고통스러운 증상을 겪고 있는 환자는 정확하게 사고할 수 없을 뿐 아니라 변태증상, 파괴적 증상, 심지어 환영(幻影)을 보기도 한다.

간단한 장청소나 구연산 마그네슘 한 병으로 해결될 증상이 우울증 환자들에겐 빈번한 편도선 제거수술이나 치아발치, 맹장수술 등으로 이어진다(이 정보를 제공한 외과의사 친구에게 양해를 구한다).

우울증은 정신이상의 초기 증상이다. 자기암시의 권위자인 헨리 로즈(Henry R. Rose) 박사는 다음과 같은 전형적인 사례를 들고 있다.

【"박사님! 한 가지 약속을 하겠습니다. 만약 내 아내가 죽는다면, 나는 더 이상 신의 존재를 믿지 않겠습니다."

그의 아내는 폐렴을 앓고 있었으며 내가 그의 집을 방문했을 때 그런 말로 인사를 했다. 그의 아내를 계속 치료하던 주치의는 회복의 여지가 없다고 말했다(대부분의 의사들은 이런 얘기를 환자에게 직접 할 정도로 어리

석지는 않다).

그녀는 남편과 두 아들을 침대 쪽으로 불러 마지막 인사를 했다. 이어 나를 불렀다. 나는 방 앞에 서서 혼자 울고 있는 남편을 봤다. 두 아들은 엄마에게 버팀목이 되기 위해 최선을 다하고 있었다.

방에 들어갔을 때 그녀는 힘들게 호흡하고 있었다. 그리고 간호사가 지금 맥박이 매우 낮고 상태가 아주 나쁘다고 일러주었다.

그 부인이 나를 부른 것은 자기가 죽은 후 두 아이들을 보살펴달라고 부탁하기 위해서라는 사실을 알았다. 그때 나는 그녀에게 이렇게 말했다.

"포기하면 안 됩니다. 당신은 죽지 않을 겁니다. 당신은 언제나 강하고 건강한 여자였어요. 하느님도 결코 당신이 죽는 걸 원하지 않을 겁니다. 두 아들만 남겨놓고 떠날 생각은 하지 말아요. 당신은 그 누구의 곁도 떠나지 마세요."

나는 계속 그녀에게 말을 걸었다. 시편 103장을 읽어주었으며 기도하면서 그녀가 영생으로 들어가기보다는 회복될 수 있기를 계속 기원했다. 그리고 죽음에 관한 모든 생각과 마음을 버리고 굳은 신념으로 죽음에 맞서 싸우라고 말해주었다. 나는 그 방을 나오면서 "교회 예배가 끝나면 다시 오겠습니다. 당신이 많이 회복된 것을 보러 다시 오겠습니다"라고 약속했다.

그때가 일요일 아침이었다. 예배가 끝난 오후에 난 그 집에 전화를 했다. 그녀의 남편은 밝게 웃으면서 말했다.

"당신이 떠난 뒤 아내는 두 아들을 불러 말했습니다. 그러면서 아내는 '로즈 박사가 그러는데, 나는 죽지 않을 거라고 얘기했다면서 정말 지금 회복되고 있는 것 같다'라고 얘기했어요."

정말 그녀는 회복이 되었다. 어떻게 이런 일이 일어날 수가 있었을까?

그것은 두 가지 때문이다. 자기암시와 신념이 그런 결과를 가능케 한 것이다. 내가 그녀에게 했던 말이 신념이 되어 그녀는 자기암시를 걸었던 것이다.

나는 아슬아슬하게 제 시간에 맞춰 온 것이었고 나에 대한 그녀의 믿음은 너무나도 강해서 내가 그녀에게 나을 것이라는 믿음을 안겨줄 수 있었던 것이었다.

그녀가 상황을 역전시켜 폐렴을 극복해 낼 수 있었던 것은 이 믿음 덕분이었다. 의사들이 어떤 약으로도 고칠 수 없다고 말해왔던 폐렴이 바로 이 믿음을 통해 고쳐진 것이다.】

슬프게도 한때 어떤 약으로도 고칠 수 없는 것으로 인식된 폐렴이었다. 그러나 이 경우와 마찬가지로 마음가짐에 따라 이러한 상황이 급격히 바뀔 수도 있다.

생명이 있는 곳에는 희망도 있다. 희망이라는 것은 절대적인 힘을 갖고 있으며 원래 의도된 대로 좋은 일을 수행할 수 있는 것이다.

긍정적인 마음가짐의 효과

여기 긍정적인 마음가짐이 가져올 수 있는 놀라운 일이 또 하나 있다.

한 내과의사가 어떤 중년 부인을 소개해줬다. 그녀에게는 아무런 문제가 없었음에도 불구하고 그 어떤 것도 먹지 못했다. 이상하게도 그녀의 위는 아무것도 받아들이지 못했다. 그녀는 거식증에 시달렸고 서서히 죽음의 문턱으로 치닫고 있었다.

나는 그녀를 보러갔다. 안타까운 점은 그녀에게 신앙이 없었다는 것이다. 그녀는 신에 대한 신념을 잃어버렸다. 또한 음식을 먹을 수 있는 자신의 힘에 대한 자신감이 없었다. 내가 첫 번째로 한 일은 그녀의 신념을 다시 찾아주는 것이었다. 나는 그녀에게 말했다.

"신이 항상 당신과 함께 할 것이며 당신의 힘을 다시 찾아줄 것입니다. 지금부터 당신은 당신이 원하는 것은 무엇이든 먹을 수 있을 것입니다."

내 말은 사실로 되었다. 실제로 그녀는 자신감을 회복하였다. 내 설득이 그녀를 감동시킨 것이었다. 바로 그날부터 그녀는 다시 식사를 할 수 있었으며 3일 후엔 침대에서 일어날 수 있었다. 지금 그녀는 건강하고 행복한 여성이 되었다.

그녀를 바꾸게 한 힘은 과연 무엇이었을까? 그것은 앞서 말한 예와 같은 맥락이다. 외부적인 암시(그녀는 그것을 신념으로 받아들였고 이내 자기 것으로 만들었다)와 내부적인 확신으로 치유된 것이다.

이렇게 마음이 아프면 몸도 아플 때가 있다. 이때는 자기 신뢰와 신념을 굳건히 함으로써 좀더 강한 마음으로 치료를 할 필요가 있다. 이것이 암시의 힘이다. 이 힘이 바로 자신이 가지고 있는 신뢰를 다른 사람에게 전달하게 된다. 그리고 이 힘을 가진 사람은 가능성이 있고 신뢰성 있는 사람으로 보인다.

이렇게 암시의 힘으로 우리 모두가 치료사가 될 수 있고 그럼으로써 동료들을 도울 수가 있다. 다음 얘기를 기억하라.

"인간 정신의 파워에 관한 훌륭한 책을 읽어야 하며, 인류의 행복과 안녕을 위해 사람의 마인드가 얼마나 놀라운 일을 해낼 수 있는지 배워야 한다. 우리는 그릇된 생각에 따른 최악의 상황들을 종종 목격하곤 한다. 더 나아가 이러한 상황들은 사람을 극단의 상태까지 몰고 간다. 바로 지금이 사람의 마인드가 할 수 있는 일을 발견하기에 적절한 시기이다. 정신적인 질병뿐 아니라 육체적인 질병 또한 고칠 수 있다."

앞의 주제를 조금 더 깊이 연구해 보기로 하자.

물론 사람이 마음먹은 대로 모든 병을 치료할 수 있다고 할 수는 없다. 신념이나 정신적 믿음만으로 암이란 질병을 다 치료할 수 있다는 명확한 증거는 없다. 암을 고치려면 그 초기에 외과적인 치료를 받아야 한다. 그 외에 다른 방법은 딱히 없다. 만약 이것 말고도 다른 방법이 있다고 한다면 그는 범죄를 저지르고 있는 것이다.

그러나 분명한 점은 사람의 마인드가 정신적 혹은 육체적 질병의 치료에 도움을 준다는 사실이다. 따라서 우리는 생각하는 것보다 더 많이 이 인간의 정신에 의존해야 한다.

이집트 원정 당시 나폴레옹은 흑사병으로 죽어가던 수백여 명의 군사 집단 속으로 걸어 들어갔다. 그 중 한 군사를 부축하고 다른 한 군사는 등에 업었다. 그는 그 병이 다른 원인뿐 아니라 병사들의 두려움을 타고 퍼져나간다고 생각했기 때문에 병을 두려워하지 말라고 그들을 격려했다.

괴테는 이 상황에 대해 이렇게 말했다.

"그는 무시무시한 고열이 있는 곳에 들어갔음에도 절대 위축되지 않았다. 왜냐하면 그는 자신의 의지를 이미 마음속에 심었기 때문이다."

앞에서 본 위대한 사람들은 우리가 서서히 이해하기 시작하는 자기암시의 힘을 이미 알고 있었던 것이다! 이것은 자신이 병에 걸리거나 아플 수 없다고 믿으며 스스로에게 암시를 주는 것을 의미한다.

이 자동적이고 잠재적인 의식은 병을 이겨내고 병에 대항할 수 있게 해주며 병에 대한 생각이 우리에게 공포를 안겨주지 못하도록 막아준다. 또한 우리가 환자들, 특히 전염병 환자들 사이를 들락날락할 때에도 병에 대한 생각을 하지 않도록 해준다.

'상상력만으로도 고양이를 죽일 수 있다'라는 격언이 있다. 이것은 바꿔 얘기해서 상상력은 사람도 죽일 수 있다는 뜻이 된다. 다시 말해 상상력이란 인간을 성공으로 인도하는 위대한 힘이 될 수 있다는 말이다. 이 사실을 입증할 수 있는 확실한 증거가 여기 있다.

어떤 사람이 예리한 칼날로 자신의 정맥을 베었다고 상상했다. 사실 그 옆에는 얼음이 녹아 물이 되어 똑똑 떨어지고 있었고, 이 소리는 그에게 마치 자신의 손목에서 피가 떨어지는 것처럼 들렸을 것이다.

그는 실험 전부터 눈을 가리고 있었기 때문에 이 사실을 몰랐다. 놀랍게도 이 사람은 실제로 사망했다.

당신이 오늘 아침을 상쾌하게 출발했다고 생각하는데 회사 동료들이 모두 '오늘 많이 아파보이네요. 의사한테 가보셔야겠어요'라고 한다면 얼마 지나지 않아 몸에 이상한 기운이 도는 것을 느낄 수 있을 것이다. 그리고 퇴근 후 집에 도착할 때쯤이면 온몸이 나른하고 기운이 빠져 병원에 가봐야겠다고 생각하게 될 것이다. 바로 이 힘이 상상력 혹은 자기암시의 힘이다.

인간의 위대한 힘, 상상력

이렇게 상상력이란 사람의 정신력에 절대적인 영향을 미친다. 신중하게 조절하지 않고 그저 방치한다면 자신도 모르는 이상한 속임수에 당할지도 모른다.

만약 '최악의 상황'을 상상한다면 정말로 당신은 최악의 상황을 맞게 될 것이다. 실제로 젊은 의대생들 중 적어도 하루에 한 가지씩 수업시간에 배운 질병에 걸린다고 생각하는 학생이 적지 않다고 한다.

앞서 언급했듯이 우울증이란 체내에서 발현되는 독성물질로부터 걸리게 된다. 즉, 몸속의 수비수가 제거하지 말아야 할 것을 제거함으로써 걸리게 되는 병이다. 이에 따라 잘못된 경보장치를 울려서 터무니없는 상상력을 발휘하게 하는 것이다. 이 우울증은 실제로 신체적인 문제에서 발생될 수 있지만 지나친 상상력만으로도 나타날 수 있다.

의사들 역시 이 사실에 상당 부분 동의한다!

스코필드(Schofield) 박사는 암에 걸린 한 여인을 통해 이 사실을 증명했다. 의사들은 그녀를 수술 테이블에 눕히고 마취를 시작했다. 하지만 이상하게도 종양은 사라졌고 그 당시엔 어떤 수술도 필요 없었다. 그러나 그녀가 의식이 깨어나자 종양은 다시 나타났다.

의사들은 그녀가 종양에 걸린 친척과 함께 살고 있다는 사실을 알았고, 그녀는 친척의 증상처럼 자신의 몸속에도 종양이 자라고 있다는 상상을 해왔던 것이다.

그녀는 다시 수술대 위에 눕혀졌고, 의사는 마취제를 투여했다. 그리고 마치 진짜 수술을 하는 것처럼 그녀의 팔과 다리를 끈으로 붙들어 맸다. 수술이 끝나고 그녀는 완전히 회복되었다. 그리고 그녀에게 수술이 성공적이었으며 다만 상처부위에 붕대를 좀 감아야겠다고 했다.

그녀는 의사를 신뢰한 것이다. 마침내 붕대를 풀게 되었고 더 이상 종양은 생기지 않았다. 그녀는 사실 그 어떤 수술도 받지 않았다. 단지 그녀의 잠재의식 속에서 회복된 것뿐이었다. 그녀는 순전히 자신의 상상 속에서 종양을 앓고 있었던 것이다. 물론 지금 그녀는 너무나 건강하다.

자기암시에 따라 상상 속의 병이 치료될 수도 있고 또 없던 병도 걸릴 수 있다는 것이 증명된다.

좋지 않은 상상력을 고칠 수 있는 가장 좋은 시간이 밤이다. 그 중에서도 막 잠이 들려고 하는 바로 그 시간이 잠재의식이 모든 것을 가장 잘 받아들이는 시간이다.

잠재의식을 사용하기 위해서 다음과 같은 방법을 한번 써보라. 결코 실현 불가능한 것이 아니라는 걸 알게 될 것이다.

내일 아침, 당신은 7시에 일어나야 한다고 생각하자. 혹은 당신이 평상시에 일어나던 시간과 조금 다른 어떤 시간을 택해도 좋다. 그리고 잠이 들 무렵 자신에게 암시를 걸어라.

'난 내일 아침 7시에 일어나야 한다.'

몇 번이고 반복해라. 이 말은 당신의 마음에 각인될 것이다. 이어 이 암시는 당신의 잠재의식에 전달되어 정확히 7시에 일어날 수 있을 것이다.

내 경험에 따르면 이 실험은 몇 백 번을 해봐도 다 성공적이었다. 이것은 잠재의식이 당신을 깨우는 것이다. 아무리 이른 시간이라 해도 마치 누군가가 당신의 침대에 와서 어깨를 두드리는 것처럼 제 시간에 정확히 일어날 수 있는 것이다. 하지만 주의할 것은 분명하지 않거나 명확하지 않은 명령을 내려서는 안 된다는 점이다.

이런 방법도 좋다. 잠자리에 들면서 잠재의식에게 어떤 바람직한 성품을 계발하라는 명령을 내려보라. 그러면 당신의 잠재의식은 자기 신뢰와 용기라는 덕목을 발전시킬 것이며, 이 요소들이 당신이 내린 명령을 수행하게 할 것이다.

사람의 상상력은 없던 병도 만들어낼 수 있다고 언급했었다. 정말로 한 사람을 상상 속의 병만으로 침대에 드러눕게 만들 수도 있다. 그러나 역시 같은 방법으로 병을 치료할 수도 있다.

사람의 신체는 하나의 단위로 이루어진 것이 아니라 수십억 개의 지능을 가진 세포로 구성되어 있다. 그 세포 하나하나는 정확하고 잘 정리된

임무를 띠고 있어 신체를 발달시키고 유지한다.

이러한 세포들은 잠재의식 혹은 자율행동으로부터 각자 맡은 바 임무를 철저히 수행한다고 배웠다. 그리고 인간정신의 잠재의식은 의식세계나 자의적인 기능에 따라 조절될 수 있다는 것도 알았다.

또한 우리의 정신에 있는 아이디어나 생각들은 반복적인 과정을 통해 신체를 움직이게 된다. (자기암시에 따라) 잠재의식에 전달된 명령은 더 강력한 명령으로부터 취소되지만 않는다면 반드시 실행될 것이다. 잠재의식은 전달된 명령에 대해 의심을 하지 않는다. 명령받은 즉시 근육을 움직여 실행할 것이다.

이러한 사실은 우리가 암시를 받아들이는 환경과 우리가 영향받는 환경, 그리고 우리가 인지하지 못하는 방법에 영향받는 환경들을 세밀하게 정비해야 하는 이유이기도 하다.

인간 신체의 모든 움직임은 의식이나 잠재의식의 조절을 받는다는 것을 배웠다. 이 말은 몸의 근육이 움직이려면 적어도 이 두 가지 중 한 가지 기관에서 명령이 전달되어야 한다는 것을 의미한다.

상상력과 의식, 잠재의식간의 관계를 이해할 수 있을 때 비로소 우리가 그토록 열망하는 명확한 중점 목표의 달성에 첫 발걸음을 내딛게 되는 것이다. 이 목표에 대한 그림은 의식세계에 저장되어 있다. 집중력의 법칙을 이용해(다음 장에 기술될 과정을 통해) 잠재의식이 그 그림을 인식하고 해석한 후 인생의 궁극적인 목표로 각인될 때까지 그곳에 머물게 된다.

이 법칙은 이 장에서 몇 번씩이나 반복적으로 설명되었는데, 이는 이

법칙을 자세히 설명하려는 이유도 있지만 더 큰 이유는 이 법칙이 인간의
목표달성에 얼마나 중요한 역할을 하는지에 대해서 독자들의 마음에 깊
은 인식을 심어주고자 함이다.

정신력은 모든 사고의 원동력

열망, 즉 욕구가 마음 깊숙한 곳에 각인되어 있어야 하며 자의식
혹은 잠재의식이 이 욕구를 받아들일 때까지 아무도 물리칠 수 없
는 끈기가 뒷받침되어야 한다. 지금까지는 욕망을 앞에 두고 한 걸
음 물러서서 노력을 했다. 하지만 지금 이 순간부터는 당신이 욕구
보다 한 발 앞서 적극적으로 성취를 향한 노력을 해야 한다.

인간은 화학물질의 조립품이며 그 가치는 26달러로 환산될 수 있다고 하
나 그 가치에는 인간정신이라고 하는 위대한 힘의 가치는 누락되어 있다.

전체적으로 보았을 때, 사람의 정신은 복잡한 구조를 지닌 것처럼 보인
다. 그러나 실제로 그 정신이 사용되는 측면에서 보았을 때 이것은 영속
적 움직임에 가장 가까운 것이다.

사람의 마인드는 우리가 잠이 들었을 때는 자율적으로 작용한다. 그러
나 우리가 깨어 있을 때는 자율적인 작용과 의지에 따른 자의적인 작용을
동시에 수행한다.

이 정신의 작용에 대해서는 가능한 상세하게 분석을 해볼 가치가 있다.

왜냐하면 모든 사고의 원동력이 되는 것이 이 마인드이기 때문이다.

이 장의 목표인 정확하게 사고하는 법을 배우기 위해서는 다음과 같은 정신에 대한 6가지 지식을 철저하게 이해해야 한다.

첫째 : 사람의 정신은 각자 의지에 따라 조절되고 긍정적인 방향으로 이끌어진다. 이리하여 창조적이고 건설적인 결말을 맞을 수 있다.

둘째 : 물론 이 정신은 파괴적인 결말을 맞게 될 수도 있다. 각자가 세운 계획을 심사숙고하지 않거나 건설적인 방향으로 인도하지 않는 다면 흐지부지될 수도 있다.

셋째 : 정신은 신체를 구성하는 각 세포를 조절하는 힘을 가졌다. 또한 세포들로 하여금 명령받은 일을 완벽하게 수행할 수 있도록 해준다. 물론 게으르거나 나쁜 방향으로 명령을 내려 세포의 정상적인 목표를 파괴시킬 수도 있다.

넷째 : 인간이 성취해 온 모든 것들은 사고의 결과물이다. 이 사고 과정에서 우리의 신체는 두 번째로 중요한 것이고, 대부분의 경우에는 사고를 할 수 있는 장소의 역할밖에 하지 못하게 된다.

다섯째 : 사람이 이룩한 놀라운 성취들 – 문학, 예술, 경제, 산업, 상업, 교통, 종교, 정치, 과학 등 어떤 분야든 – 은 보통 사람의 머릿속에 상상만 해오던 아이디어의 결실이다. 그러나 사실 이와 같은 아이디어들은 보통 정신과 육체를 함께 사용할 수 있는 다른 많은 사람들에게 현실화된다(즉, 한 아이디어가 어떤 사람으로부터 현실화되기보다 아이디어를 가지고 있다는 자체가 더 중요하다. 왜냐하

면 유용한 아이디어를 가진 사람은 극소수이지만, 그 아이디어를 실행할 사람은 수백만 명이 있기 때문이다).

여섯째 : 사람의 정신 속에서 상상하는 사고의 대부분은 정확하지 않은 것들이 많으며 오히려 자칫 '여론'이나 '속단' 등과 같이 정확한 것들과는 관련이 없는 것이 더 많다.

사람의 정신을 연구하는 모든 과학자들은 인간에게 내재된 정신의 연구는 아직 시작도 못했다는 사실에 모두 동의한다. 이제 이 분야의 관심이 제기되고 연구를 해야 할 때가 된 것이다.

이 의견에 대해 과학자들의 주장은 앞으로의 위대한 발견들은 인간의 정신 영역에서 이루어질 것이라고 말하고 있다.

다시 말해 몸 안에 갖고 있던 에너지가 열망이라는 경로를 통해 실제적인 행동으로 나타나는 것과 같은 맥락이다.

목표달성과 자기암시의 가치

한 가지 주제로 수년간 연구해 온 과학자들은 우주의 모든 에너지와 물질이 인력(引力)의 법칙을 따른다고 믿고 있다. 인력의 법칙이란 모든 원소와 힘은 한 중심부에 모인다는 뜻이다. 일정하고 깊게 뿌리박힌 강한 욕구가 물리적 세상에서 그 욕구의 대상이나 그 대상을 얻기 위한 도구 및 수단을 끌어당기는 것은 이 인력의 법칙이 동작하는 원리와 유사하다.

만약 인력의 법칙에 대한 가설이 사실이라면 성취를 이루기 위한 모든 과정은 이 법칙을 어느 정도 따르고 있다는 점을 알 수 있다.

우선 명확한 중점 목표와 몇 가지 다른 목표의 그림을 (강한 열망을 기반으로) 의식세계에 그려본다. 그리고 이 목표를 항상 생각하고, 달성할 수 있다는 것을 의심하지 않으며 우리의 의식세계를 이 목표에 맞춘다. 잠재의식이 목표에 대한 그림을 인식하고 실제로 행동으로 옮겨질 때까지 이 과정을 반복한다.

● 욕구

대부분의 사람들은 어떤 것을 '바라고' 있다.

그러나 '무조건 바라는 것'과 '욕구'는 구별되어야 한다. 다시 말해 단순히 바라는 행위는 욕구가 뒷받침되어 명확한 형태로 나타나지 않는다면 그 가치는 떨어지게 된다.

인간이 이룩하는 모든 성취 뒤에는 강하게 뿌리박힌 욕구가 있다. 과학자들에게 물체를 식별하는 최소 단위는 '전자'인 것처럼 욕구 역시 모든 성취를 구성하고 있는 기본적인 단위이다. 즉, 이 욕구는 우리가 아는 한도 내에서 뒤에 아무것도 없는 시작점이다.

욕구의 또 다른 이름인 명확한 인생의 중점 목표는 잠재의식 속에 깊게 각인되지 않았거나 그를 뒷받침할 만한 강한 의지가 없다면 그 목표의 가치는 허무하게 없어져 버리게 된다.

● 암시와 자기암시

이번 장을 통해 독자들은 주변 환경에서 혹은 다른 사람들의 말이나 행동에서 나오는 감각적 인상을 '암시'라고 하고, 자신이 스스로의 정신에 주입하는 의미 있는 인상을 '자기암시'라고 한다는 사실을 배웠다.

타인에게서 혹은 환경으로부터 오는 암시들은 우리가 잠재의식을 통해 받아들인 후에야 각자의 행동에 영향을 줄 수 있다. 자기에게 영향을 주는 암시들은 모두 자기 자신에게서 나와야 한다는 의미이다.

다시 말해 다른 사람의 영향을 받는 것을 자신이 동의하지 않고는 결코 그리 될 수 없다. 타인의 영향을 받는 것조차도 모두 자기 자신의 암시로부터 나오게 된다.

사람이 활동하는 동안 의식세계는 보초를 서는 것처럼 깨어 있다. 잠재의식을 지켜주면서 외부에서 들어오는 모든 종류의 암시들이 의식세계로부터 검증되고 통과될 때까지 감시하게 된다. 일종의 침입자에 대한 자연의 법칙과도 같다. 아주 현명한 조직인 셈이다.

● 목표달성에 자기암시의 가치

자기암시의 힘을 가장 가치 있게 사용하는 방법 중의 하나는 자신의 명확한 중점 목표를 달성할 때 쓰는 것이다. 방법은 간단하다.

"자신이 원하는 중점 목표를 간결한 문장으로 명확하게 쓴 후 그 문장을 적어도 2장 이상 복사해 하나는 당신이 일하는 동안에도 몇 번씩 읽을 수 있는 곳에 붙여두고, 다른 하나는 침실에 붙여 잠자리에 들기 전과 아침에 일어나자마자 몇 번이고 읽어본다."

이 암시 방법은 (비현실적인 방법처럼 보이겠지만) 당신의 잠재의식에 명확한 중점 목표를 분명히 각인할 것이다. 그리고 당신은 마치 마법을 보는 것처럼 당신의 목표가 하나둘씩 실현되는 것을 보게 될 것이다.

자신이 매우 열망하는 물건이나 환경, 직위와 같은 것에 대해 자신의 마인드에 명확히 정의를 해놓는 순간부터 당신이 책이나 신문, 잡지를 읽을 때 자신의 최종 목표와 관련된 기사나 자료들이 자신의 주의를 끌게 되는 것을 느낄 수 있다.

또한 당신의 최종 목표에 더욱 가까워질 수 있게 해주는 여러 기회들이 찾아오는 것도 알 수 있다.

정신의 작용과 관련된 내용을 모르는 사람들에게 이러한 것들이 불가능하고 비현실적으로 보인다는 사실은 누구보다 내가 잘 알고 있다. 그러나 이 방법은 의심하는 사람이나 회의적인 사람들까지 다 좋아할 만한 것은 아니다. 가장 좋은 것은 이 법칙의 실용성이 나타날 때까지 실험해 보는 것이다.

현재 기계적인 발명은 한계에 다다른 것 같다. 하지만 모든 지성인들은 (비록 정확한 사고를 하는 사람이 아닐지라도) 인간의 정신이 가지고 있는 힘과 관련해서는 지금 인류가 진화와 실험과 분석의 시대에 막 접어들었다는 점을 알고 있다.

인류역사상 '불가능' 이란 단어의 의미가 지금처럼 의미를 상실한 적이 없었다. 어떤 사람들은 자신이 하고자 하는 모든 것을 다 할 수 있다고 믿으며 이 단어를 그들이 쓰는 사전에서 지워버리기도 했다.

우주는 물질과 에너지 이 두 가지로 이루어져 있다. 우리는 끈기 있는 과학자들의 연구를 통해 지금껏 존재해 온 모든 물질들은 미세하게 분석해 보면 단순한 에너지의 형태인 전자로 귀결된다는 사실을 알 수 있게 되었다. 반면 모든 물질들은 맨 처음 에너지의 형태에서 창조되고 발견되었다.

아이디어의 씨앗은 사람의 상상력에서 만들어진다. 지구상의 모든 물질들은 에너지 형태에서 출발해 에너지 형태로 끝이 난다. 이렇게 모든 물질들은 여러 형태에 대한 에너지의 명령을 따르게 되어 있다. 그 중 가장 강력한 에너지의 형태는 인간의 정신이라는 에너지이다.

따라서 인간의 정신은 인간이 창조한 모든 것들을 이끄는 힘이고 과거에 창조한 것들은 앞으로 창조할 것들과 비교했을 때 보잘것없이 될 것이다.

우리는 사람의 정신이 인간의 힘 중에 가장 위대하다는 사실은 이미 알고 있다. 이 증거를 찾기 위해 시간을 투자할 필요는 없다. 우리가 세운 인생의 목표는 각자의 마인드에 이미 고정되어 있으며 그것이 현실화될 때까지 행동으로 나타날 것이다. 그 결과 목표를 달성하기 위한 행동은 그 누구에게도 굴하지 않을 것이다.

벅스톤(Buxton)은 이렇게 말했다.

"오래 살면 살수록 사람들 사이의 차이점 - 약한 사람과 강한 사람, 혹은 위대함과 하찮음 - 의 차이를 더 명확하게 느낄 수 있다. 그 차이는 바로 에너지(무적의 결단력)이며 목표가 한번 고정이 되면 그 뒤엔 승리 혹은 죽음이 있을 뿐이다. 이 에너지는 세상의 어떤 일도 해낼 수 있다.

비록 타고난 재능이나 훌륭한 환경이 뒷받침되지 않고, 절호의 기회가 오지 않는다 해도 이 에너지는 견고한 창조물을 만들어낼 것이다."

도널드 밋첼(Donald G. Mitchell)은 일갈했다.
"결심은 사람을 정확하게 만든다. 강하고 끈기 있는 목표는 어려움과 위험을 헤쳐나갈 수 있게 한다. 한겨울에 눈을 끌어 모으는 소년의 눈빛을 생각해 보라. 그의 눈에는 불이 타오르고 있고 그의 머리에는 불가능을 물리치려 무던히 움직이고 있다. 불타는 의지는 초라한 인간을 거인으로 만든다."

위대한 디즈레일리(Disraeli)는 말했다.
"나는 오랫동안 명상하고 관찰한 결과 다음과 같은 확신을 얻을 수 있었다. 확고한 목표를 지닌 인간은 반드시 성취하도록 되어 있으며, 성취를 위해서 자신의 존재까지 걸 수 있는 의지를 꺾을 만한 것은 세상에 아무것도 없다."

존 심슨(John Simpson) 경은 강조했다.
"강렬한 욕구와 끈기 있는 의지는 불가능한 것(열정이 부족하고 소심하며 연약한 사람들에게는 불가능하다고 여겨지는 것)을 할 수 있게 한다."

존 포스터는 그의 증언에서 다음과 같이 덧붙였다.
"굽히지 않는 정신을 지닌 사람에게는 불의의 사고조차 피해가는 것을 보면 참으로 놀라운 일이 아닐 수 없다. 확고한 기상을 가진 사람이 나타나면 그 사람의 주변 공간이 깨끗이 정리되고, 그에게 자유로운 공간이 생겨나는 과정을 보는 것은 매우 흥미롭다."

에이브러햄 링컨은 그랜트 장군에 대해 이렇게 말했다.

"그랜트 장군의 가장 위대한 장점은 목표에 대한 끈기이다. 그는 쉽게 흥분하지 않을 뿐더러 그가 바라는 것은 꼭 이루고야마는 능력을 가졌다. 그가 한번 하고자 하는 일에 아무것도 그를 멈출 순 없다."

성공은 '사고'의 힘을 이용하는 것

이제 이 말을 하기에 적당한 때가 온 것 같다. 그것은 강한 욕구가 잠재의식 속에 자리잡기 위해서는 끈기를 가지고 노력해야 한다는 점이다. 단순히 몇 시간 혹은 며칠만으로는 명확한 중점 목표가 잠재의식에 각인되기엔 턱없이 부족한 시간이다.

끈기란 한 방울, 한 방울의 물이 강한 바위를 뚫는 것과 비교할 수 있다. 그러므로 인생의 마지막 페이지를 장식할 때쯤 되면 당신의 끈기가 성공에 얼마나 기여했는지 혹은 인생의 실패에 얼마나 중요한 역할을 했는지가 분명하게 드러날 것이다.

나는 시카고에서 열린 터니와 뎀시(Tunney & Dempsey)의 복싱경기 (1920년대 세기의 대결이라고 했던 프로 헤비급 챔피언 결정전 – 편저자 주)를 관전한 적이 있다.

나는 그들의 경기를 보면서 바로 전 라운드까지 두 사람의 시합전적과 심리상태를 상기해 보았다. 뎀시는 더 강한 복서였음에도 불구하고 다음에 소개되는 2가지 이유로 터니에게 지게 된다.

그럼 뎀시의 패인은 무엇이었을까?

첫째 : 그는 자기 확신이 부족했다. 그는 자신을 믿지 못하는 두려움 때문에 터니에게 패할 수밖에 없었던 것이다.

둘째 : 이길 수 있다는 터니의 자기 신뢰와 신념이 뎀시의 그것보다 앞섰기 때문에 뎀시는 패할 수밖에 없었다.

터니가 턱을 높이 치켜들고 링으로 걸어 들어왔다. 그의 걸음걸이에는 자신에 대한 확신이 가득했다. 반면 뎀시는 자신 없는 걸음으로 링을 들어왔다. 그의 눈에선 마치 '터니, 나한테 무슨 짓을 할 거지?' 라고 물어보는 것 같았다.

링 안으로 걸어오기 전부터 뎀시는 이미 마음속으로 경기에서 지고 있었던 것이다. 신문기자들과 보도요원들은 터니의 뛰어난 사고능력 덕분에 특종을 잡을 수 있었다.

승리를 위해 싸우는 어찌 보면 잔인하고 비천한 직업에서부터 가장 고귀하고 훌륭하다고 알려진 일까지 승리 이야기는 똑같다. 결국 성공이란 '사고'의 힘을 어떻게 사용하는지 이해한 사람의 것이었다.

이 책 전반에 걸쳐 환경 및 인간의 정신이 만들어내는 습관이 얼마나 중요한지 누차 강조하고 있다. 자신의 힘을 건설적으로 사용하고자 자신을 깨우고 자극하는 사람에게 행운은 따라온다.

결국 정확한 사고란 정신의 힘을 현명하게 사용하고자 하는 생각이며, 단순히 어떤 검증이나 분류 정돈에 그치지 않는다. 그것은 아이디어를 창조해 가장 적절하고 건설적인 행동으로 나타나게 하는 것이다.

모든 사고는 창조적이다. 그러나 지구상의 모든 사고가 건설적이고 긍정적인 것만은 아니다.

만약 당신이 비극적이고 가난한 생각만을 한다면 그런 상황에 처하게 되어 벗어날 길이 없을 것이다. 심지어 당신의 사고 또한 비극적으로 바뀌게 될 것이며 그 결과로 저주를 내리게 될 것이다. 반대로 당신의 생각이 긍정적이라면 사고 역시 긍정적으로 바뀌게 될 것이다.

'사고'는 당신의 인간성을 자석과도 같은 힘으로 끌어당긴다. 당신을 외향적으로 변하게 할 뿐더러 당신의 사고와 조화로운 행동을 만들어낸다.

여기서 나는 다시 한번 반복하겠다. 물론 다음 장에서도 여러 번 반복될 것이다.

잠재의식에 명확한 목표를 심을 때 믿음이라는 비료를 줘야 한다. 무한한 지성이 목표를 잘 자라게 하고 당신이 원하는 만큼 성장하게 도와줄 것이다. 당연한 얘기로 약한 믿음은 당신에게 실망만 가져다줄 뿐이다.

당신의 잠재의식 속에 있는 강한 열망과 함께 명확한 목표를 말할 때는 신념과 믿음을 가져야 한다. 그래야만 자신이 세운 목표를 확실히 자기 것으로 만들 수 있다. 당신이 하려고 하는 일에 대해 정확한 태도를 취하

라. 당신이 이미 목표에 대한 확실한 입장이 서 있다면 그 순간부터 잠재의식에 제안해도 좋다.

자기암시의 원리가 과연 통할까 의심하지 마라. 의구심을 갖지도 말고 그저 무조건 믿어라.

물론 이 내용은 지금까지 여러 번에 걸쳐 당신의 마인드에 각인될 만큼 충분히 강조해왔다. 목표를 달성할 수 있다고 믿을 때만 비로소 자신이 뿌린 목표의 씨앗이 싹을 틔울 수 있다.

사고가 무엇을 할 수 있을지 당신은 말하지 못한다.

그것은 증오를 가져다 줄 수도 있고, 사랑을 가져다 줄 수도 있다.

사고란 그런 것이다. 그리고 그들의 가벼운 날개는

비둘기보다 더 빠르다.

사고는 우주의 법칙을 따른다.

각자의 생각은 같은 종류의 생각을 만들어낸다.

당신 마음에서 무엇이 나오든지.

사고란 이런 것이다! 이것은 당신이 이해하고 난 후 위대한 진실로 다가온다. 이 진실은 지식의 경지로 가는 비밀 통로의 열쇠를 가져다준다. 물론 다른 사람이 알려줄 수도 있다. 이 진실을 터득했을 때, 당신은 그 문을 열 수 있다.

당신이 가진 사고의 힘은 당신만이 절대적으로 컨트롤할 수 있는 유일한 힘이다.

자신의 사고를 통제할 수 있는 것은 자신의 힘에 달려 있다. 자신의 사고가 긍정적인 형태가 될지, 부정적인 형태가 될지는 자신에게 달려 있는 것이다.

　당신은 '당신 운명의 주인'이다. 그리고 '당신 영혼의 선장'이다. 왜냐하면 당신은 사고를 조절할 수 있고, 그 사고의 도움으로 당신이 원하는 무엇이든 창조할 수 있기 때문이다.

정확하게 사고하는 사람들은 타인과의 교류에 자신을 다스리는 엄격한 잣대가 있다. 정확한 사고를 하는 사람이 된다는 것은 어찌 보면 자신만의 엄격한 기준을 지키느라 잠시 동안 손해를 본다는 말도 될 것이다. 하지만 그 손해는 조만간 더 큰 보상으로 자신에게 돌아온다.

정확한 사고를 하기 위해서는 새로운 정보뿐 아니라 그 정보에 포함된 진실을 가려낼 줄 알아야 하며 그 정보를 중요한 것과 중요하지 않은 것, 혹은 타당성이 있는 것과 그렇지 않은 것으로 분류할 줄 알아야 한다는 것을 뜻한다.

성공하는 사람들은 어떤 일을 할 때 중요한 것을 골라내고 적절히 사용할 줄 안다. 결국 열심히 일만 한다고 해서 얻어지는 것이 성공은 아니다. 그들은 중요하거나 중요하지 않은 진실을 가려내는 능력 덕분에 다른 사람들이 온몸을 바쳐 감당해야 하는 무게를 지탱하고 있는 것이다.

정확한 사고를 하기 위해서는 먼저 원칙을 지키는 철저한 이성(理性)과 남의 말에도 흔들림 없는 성격이 뒷받침되어야 한다. 그래서 정확한 사고를 하는 사람들은 사실을 본다. 선입관이나 증오 혹은 질투심 없는 객관적인 시선으로 정보를 받아들인다.

인류가 가진 에너지의 형태 중 '사고'란 최고의 에너지 형태이다. 사고하는 인간에게 한계란 없다. 우리는 자신이 가진 오감(시각, 청각, 촉각, 미각, 후각)이 느끼는 것만 받아들인다. 그러나 무한한 지성은 이 오감만으로 길러질 수 있는 것이 아니다.

인간은 자기암시를 통해서 얻고 싶은 것이나 계획, 구상 등을 잠재의식 속에 기록하는 것이다. 잠재의식은 자기암시를 통해 자신이 전달한 내용을 기록하고 있다가 무한한 지성을 통해 자연적인 행동으로 나타나게 된다.

자기암시 원칙을 사용하는 데 익숙해지고 믿음과 이해를 가지고 있다면 최종 목표를 달성할 수 있고 그 결과가 현실적으로 나타나는 것을 볼 수 있다. 또한 자기암시는 건설적으로 이용되었을 때 위대한 성취를 가능케 하는 강력한 무기이지만 이것이 부정적으로 쓰인다면 모든 성공의 가능성을 없앨 것이다.

당신의 마음을 증오와 질투, 시기, 그리고 이기심과 탐욕으로 가득 채운다면 당신의 잠재의식은 인생의 명확한 중점 목표라는 씨앗의 싹을 틔우지 못할 것이며, 무한한 지성 또한 실제 행동으로 나타나지 못할 것이다.

사람의 정신은 복잡한 구조를 지닌 것처럼 보인다. 그러나 실제로 그 정신이 사용되는 측면에서 보았을 때 이것은 영속적 움직임에 가장 가까운 것이다. 생명이 있는 곳에는 희망도 있다. 희망이라는 것은 절대적인 힘을 갖고 있으며 원래 의도된 대로 좋은 일을 수행할 수 있는 것이다.

사람의 마인드는 우리가 잠이 들었을 때는 자율적으로 작용한다. 그러나 우리가 깨어 있을 때는 자율적인 작용과 의지에 따른 자의적인 작용을 동시에 수행한다. 마음이 아프면 몸도 아플 때가 있다. 이때는 자기 신뢰와 신념을 굳건히 함으로써 좀더 강한 마음으로 치료를 할 필요가 있다. 이것이 암시의 힘이다.

상상력이란 사람의 정신력에 절대적인 영향을 미친다. 상상력이란 인간을 성공으로 인도하는 위대한 힘이 될 수 있다. 상상력과 의식, 잠재의식간의 관계를 이해할 수 있을 때 비로소 우리가 그토록 열망하는 명확한 중점 목표의 달성에 첫 발걸음을 내딛게 되는 것이다.

아이디어의 씨앗은 사람의 상상력에서 만들어진다. 지구상의 모든 물질들은 에너지 형태에서 출발해 에너지 형태로 끝이 난다. 이렇게 모든 물질들은 여러 형태에 대한 에너지의 명령을 따르게 되어 있다. 그 중 가장 강력한 에너지의 형태는 인간의 정신이다.

우리의 정신에 있는 아이디어나 생각들은 반복적인 과정을 통해 신체를 움직이게 된다. (자기암시에 따라) 잠재의식에 전달된 명령은 더 강력한 명령으로부터 취소되지만 않는다면 반드시 실행될 것이다.

인간이 성취해 온 모든 것들은 사고의 결과물이다. 사람의 정신은 각자 의지에 따라 조절되고 긍정적인 방향으로 이끌어진다. 이리하여 창조적이고 건설적인 결말을 맞을 수 있다. 사람이 이룩한 놀라운 성취들 − 문학, 예술, 경제, 산업, 상업, 교통, 종교, 정치, 과학 등 어떤 분야든 − 은 보통 사람의 머릿속에 상상만 해오던 아이디어의 결실이다.

대부분의 사람들은 어떤 것을 '바라고' 있다. 그러나 '무조건 바라는 것'과 '욕구'는 구별되어야 한다. 다시 말해 단순히 바라는 행위는 욕구가 뒷받침되어 명확한 형태로 나타나지 않는다면 그 가치는 떨어지게 된다.

욕구의 또 다른 이름인 명확한 인생의 중점 목표는 잠재의식 속에 깊게 각인되지 않았거나 그를 뒷받침할 만한 강한 의지가 없다면 그 목표의 가치는 허무하게 없어져 버리게 된다. 즉, 확고한 목표를 지닌 인간은 반드시 성취하도록 되어 있으며, 성취를 위해서 자신의 존재까지 걸 수 있는 의지를 꺾을 만한 것은 세상에 아무것도 없다.

잠재의식에 명확한 목표를 심을 때 믿음이라는 비료를 줘야 한다. 무한한 지성이 목표를 잘 자라게 하고 당신이 원하는 만큼 성장하게 도와줄 것이다. 당연한 얘기로 약한 믿음은 당신에게 실망만 가져다줄 뿐이다.

당신의 잠재의식 속에 있는 강한 열망과 함께 명확한 목표를 말할 때는 신념과 믿음을 가져야 한다. 그래야만 자신이 세운 목표를 확실히 자기 것으로 만들 수 있다. 달리 얘기해서 강한 욕구가 잠재의식 속에 자리잡기 위해서는 끈기를 가지고 노력해야 한다는 점이다.

잠재의식은 의식세계와 무한한 지성을 연결하는 매개체이다. 잠재의식에서는 자신이 정확히 무엇을 하고 싶은지 알려준다. 바로 이곳에서 우린 각자가 세운 인생의 명확한 중점 목표에 더 가까이 갈 수 있게 된다.

2장

명확한 중점
목표의 황금률

 인생 성공을 위한 트레이닝

성공이란 다른 사람의 권리를 침해함이 없이 인생에서 원하는 것을 이룰 수 있게 해주는 힘의 개발이다. 실패자로 분류된 95%의 사람들은 '인생의 명확한 중점 목표'가 없었기 때문이며, 이와 반대로 성공한 사람으로 분류된 5%는 목표가 명확했을 뿐 아니라 그들의 목적을 달성하기 위한 확실한 계획도 있었다는 점이다.

나는 잭 뎀시(Jack Dempsey, 권투선수)가 차기 시합을 위해 트레이닝에 임하는 것을 주의 깊게 살펴보았다.

트레이닝을 하는 데 그가 사용하는 방법은 한 가지에 그치지 않고 여러 가지를 병행하고 있는 것을 알 수 있었다. 펀칭백으로는 근육을 단련시키고 기민한 눈의 움직임을 훈련하면서 아령으로는 다른 부위의 근육을 키우고 달리기는 그의 다리와 엉덩이의 근육을 단련시켜주었다.

식사조절을 통해 체중을 늘리지 않고도 근육을 키울 수 있었으며 적절한 수면과 휴식의 습관이 승리를 위한 다른 자질들을 길러주었다.

여러분은 인생에서 성공을 위한 트레이닝에 임하는 사람들이다. 이기기 위해서는 주의를 기울어야 할 사안들이 많다. 잘 조직되고 기민하면서 에너지가 넘치는 마음의 상태는 다양한 많은 자극들을 통해 생성되는데 이는 이 책의 전 과정을 통해 기술되어 있다.

신체와 마찬가지로 마음 또한 개발을 위해서는 다양한 훈련이 필요하고, 잘 발달되려면 여러 가지 조직적인 형태의 훈련이 이루어져야 한다는 사실을 잊어서는 안 될 것이다.

장애물을 넘는 허들 경주마를 훈련시킬 때 바람직한 자세를 몸에 배게 하기 위해 반복과 습관화를 통해 달리는 방식을 숙달시킨다. 사람의 마음도 다양한 사고의 자극제를 통해 비슷한 형태로 훈련되어야 할 것이다.

인생에서의 성공은 인간에 대한 이해에 달려 있다!

인간이라는 동물을 효과적으로 연구하기 위해서는 먼저 자신에 대해 가능한 정확한 분석을 내릴 수 있어야 한다. 즉, 할 수 있는 한 자신에 대한 평가를 철저히 내릴 수 있어야만 다른 사람에 대한 이해가 한층 수월해지기 때문이다.

다른 사람을 파악하려 할 때 겉모습이 아닌 실제 모습을 알려면 다음과 같은 것을 자세히 관찰해야 할 것이다.

- 자세와 걸음걸이
- 목소리 톤, 높낮이, 성량(聲量)
- 눈동자, 시선 및 감정이 풍부한 눈인지의 여부
- 용어의 사용, 경향, 수준, 그리고 특성

이러한 방법을 통해 여러분은 사람을 속속들이 들여다볼 수 있게 될 것이고 실제 모습에 다가설 수 있을 것이다.

더 나아가 어떤 사람을 알려고 하면 다음과 같은 상황에 대한 관찰을 해도 될 것이다.

- 화가 났을 때
- 사랑에 빠졌을 때
- 돈 문제에 연관되었을 때
- 식사할 때(남들이 보지 않는다고 생각하고 혼자 먹을 때)
- 뭔가를 쓸 때
- 고통을 당하고 있을 때
- 기쁘고 환희에 찼을 때
- 기가 꺾이고 패배했을 때
- 대(大) 파국을 맞았을 때
- 다른 사람에게 좋은 인상을 주려 애쓸 때
- 타인의 불행을 알게 되었을 때
- 타인의 경사를 알게 되었을 때
- 운동시합에서 졌을 때
- 시합에서 이겼을 때
- 혼자 명상에 잠겼을 때

한 사람의 실상을 안다고 말하기 전에 여러분은 앞의 상황에 처한 상대를 관찰해 본 연후에, 혹은 다른 상황도 관찰한 후에야 상대에 대해 말해야 할 것이며 첫 인상만으로 다른 사람을 판단할 권리가 없다는 것을 알아두기 바란다.

외모에서 풍기는 이미지는 중요하며 그것에 대해서는 의심의 여지가 없다. 그러나 외모에 속는 경우도 비일비재하다. 그런 것들을 이 책을 통해 숙달하기 바란다.

그리고 여러분은 자신이나 남을 판단할 때 첫눈에 보고 판단하는 일은 없기 바라며, 목록을 작성하여 종합적인 판단을 내릴 수 있기를 기대한다. 이 원리를 터득한 사람은 타인의 외양을 넘어서서 그 사람의 깊은 내면까지 알 수가 있을 것이다.

이는 내가 보증한다! 나의 다년간 경험과 분석이 없었다면 이런 장담은 할 수 없을 것이다.

어느 에스키모의 편견 이야기

누구나 자기 인생에 영향을 미치는 진실을 알고자 하는 것은 아니다. 내가 연구 활동을 하는 와중에 많은 사람을 만나면서 발견한 사실은 소수의 사람만이 자신의 약점을 받아들이고 진실을 받아들이려 한다는 것이다.

사람들은 실상(實像)보다는 허상(虛像)을 더 좋아한다! 그리고 새로운 진실이 받아들여진다 해도 이미 널리 알려진 사실의 소금과 함께 섭취된다. 그렇게 되면 소금의 양이 너무 많아서 새로운 아이디어는 그만 쓸모가 없어져 버린다.

내가 전달하고픈 의도는 《아메리카 매거진(The American Magazine)》의 편집인에 의해 최근호에서 간명하게 드러나게 되었다.

【어느 비 오는 날 밤에 알라스카의 추장, 칼 로멘(Carl Lomen)이 나에게 다음과 같은 실화를 들려주었다. 그 후로 나는 이 이야기를 항시 마음에 새겨두고 있다. 이야기는 다음과 같다.

"그린란드의 한 에스키모가 여러 해 전에 미국의 북극탐사단에 합류하여 도움을 주었다. 이에 대한 보답으로 미국인들이 그에게 뉴욕시를 관광시켜주었다. 눈앞에 펼쳐진 놀라운 광경과 처음 듣는 신기한 소리에 그는 경탄을 금치 못했다.

그가 부락으로 돌아와 하늘을 찌를 듯이 솟은 빌딩과 전차 ─ 그는 이것을 사람들이 안에 살고 있을 때 움직이는, 선로를 따라 움직이는 집이라고 묘사하였다 ─ 거대한 다리, 인공조명과 기타 도시의 놀라운 광경에 관해 얘기하였다.

사람들은 그를 냉랭하게 보고선 가버렸다. 이후로 그는 마을에서 '거짓말쟁이(새그드룩)' 라고 불리게 되었고, 이런 불명예는 무덤까지 따라다녔다. 이 사건 이후로 마을에서 그의 존재는 잊혀지다시피 하였다.

너드 라스무센(Knud Rasmussen)이 그린란드에서 알라스카로 여행을 했을 때 그린란드 에스키모인 마이텍(Mitek)이 안내를 맡았다. 마이텍은 코펜하겐과 뉴욕을 방문하였는데, 이곳에서 그는 처음 보는 새로운 것들을 많이 접하였고 깊은 인상을 받았다.

귀향한 후에 그는 일전에 한 에스키모가 '거짓말쟁이'로 불렸던 것을 거울삼아 진실을 말하지 않기로 결심했다. 대신 그는 부락의 사람들이 이해할 수 있는 이야기로 묘사를 하여 유명해졌다.

그는 어떻게 라스무센 박사와 허드슨 강을 매일 아침 카약을 타고 나가 사냥을 했는지 얘기하였다. 오리, 거위와 물개가 넘쳐나 즐거웠다고 하였다. 마이텍은 그 부락 주민의 눈에 정직한 사람으로 비쳐져 이웃의 존경을 받았다."

진실을 밝히는 자의 길은 대개 순탄하지 못하다. 소크라테스도 이 때문에 옥중에서 임종하였고 그리스도는 순교를 당했으며, 브르노(Bruno)가 화형에 처해졌고 갈릴레이도 진술을 번복해야 했다.

이 외에도 조금만 찾아보면 진실을 말함으로써 역사를 장식한 희생을 쉽게 발견할 수 있을 것이다. 인간 본성에 내재한 그 무언가가 새로운 것을 거부하기 때문이다.】

우리는 조상 대대로 전해져 내려온 신념이나 편견이 교란되는 것을 꺼린다. 성숙했다고 하는 우리도 동면에 들어간 동물처럼 고대 물신숭배와 같은 오래된 관습에 의존한다. 만약 새로운 아이디어가 침입하면 동면을 방해받은 우리는 으르렁거리면서 겨울잠에서 깨어난다.

에스키모인의 경우라면 이해가 된다.

그들은 '거짓말쟁이'가 묘사한 물건들을 시각화할 수 없었기 때문이다. 그들의 삶은 단순하여 너무나 오랫동안 북극의 구름 낀 하늘에 가려져 있었다.

그러나 현대인은 어째서 새로운 경향에 경계를 하는지 납득할 만한 이유가 없다. 정신의 타성만큼 끔찍한 것은 없다. 몸이 게으른 사람보다 정신이 게으른 사람의 숫자가 훨씬 많고 정신적인 게으름에는 두려움이 자리잡게 마련이다.

새로운 것을 받아들이는 자세

여러분은 일상의 삶과 업무에서 새로운 아이디어를 모을 수 있도록 힘써야 한다. 새로운 아이디어를 얻으려 노력하지 않는 한 마음은 생기를 잃고 게으르고 편협하고 닫힌 마음이 되어버린다.

농부라면 도시로 자주 나가 바람을 쐬고 낯선 사람과 높은 빌딩 사이를 걸어볼 일이다. 그러면 신선해진 마음으로 돌아가 용기를 얻고 열의를 일으킬 수 있을 것이다. 도시에 사는 사람이라면 가능한 자주 교외로 나가 일상의 업무와는 전혀 다른 새로운 환경을 접하면서 마음을 깨끗이 할 일이다.

사람에게 다양한 영양소의 보충이 필요한 것처럼 정기적으로 정신환경에 변화를 줄 필요가 있다. 일상에서 벗어나 새로운 환경을 접한 후에 정신을 가다듬고 쾌활하게 업무에 임할 자세를 갖추게 되면 더 빠르고 정확하게 일할 수 있게 된다.

이 책을 읽고 있는 여러분은 잠시 일상의 사고에서 벗어나 완전히 새로운 – 지금까지는 들어보지 못한 – 사고(思考)의 세계를 경험해보길 바란다.

얼마나 멋진지 상상해보라!

이 책을 모두 읽고 나면, 여러분이 현재 무슨 일에 몸담고 있든지 관계 없이 여러분은 새로운 아이디어에 따라 좀더 능률적이고 열의에 넘치며 용기를 가지게 될 것이다.

새로운 사고를 두려워하지 말라!

아마도 이것에서 성공과 실패가 판가름 나는 것이다. 앞으로 다루어질 내용 가운데 일부는 이미 널리 알려진 것이기 때문에 따로 부연설명이 필요 없을 것이다. 그러나 어떤 것들은 전혀 새롭다는 이유로 그것을 받아들이기에 주저하는 사람도 있을 것이다.

이 책을 통해 묘사된 모든 원리들은 내가 이미 충분히 테스트를 해보았고 대부분의 원리가 과학자들에 따라, 그리고 이론과 실제를 구분하는 능력을 지닌 사람들로부터 입증되었다. 그러므로 모든 원리는 신빙성이 있는 것이다. 여러분은 이에 대한 믿음을 가지고 이 책을 읽어주길 바란다.

대부분의 사람이 범하는 우(愚) 가운데 하나가 확실한 사실의 근거 없이 속단하는 경향이 있다는 것이다. 이에 대해서는 이미 허버트 스펜서 (Herbert Spencer)가 그 유명한 말을 하였다.

"모든 지식에 장애가 되고 모든 논쟁의 원인이 되며 인간을 영원히 무지에서 벗어나지 못하게 하는 주범이 있다. 그것은 실험이 이루어지기도 전에 경멸부터 하는 것이다."

성공이란 다른 사람의 권리를 침해함이 없이 인생에서 원하는 것을 이룰 수 있게 해주는 힘의 개발이다.

나는 특별히 '힘'에 강조를 두고 싶다. 그것은 성공과 힘은 떼려야 뗄 수 없는 관계이기 때문이다. 우리는 격심한 경쟁의 시대에 살고 있으며 세상은 적자생존의 법칙이 적용되는 냉정한 곳이다. 이와 같은 세상에서 지속적인 성공을 누리기 위해서는 힘의 사용을 통해 성공을 획득해야 한다.

그렇다면 힘이란 무엇인가?

힘은 조직화된 에너지 또는 노력을 의미한다.

이 책의 원제가 《성공의 법칙(The Law of Success)》인 까닭도 지식과 진실, 그리고 인간 마음에 내재한 능력을 어떻게 힘으로 조직화시키는지를 보여주기 때문이다.

앤드류 카네기의 마스터 마인드

> 성공적인 리더라면 매 상황에 따라 자신의 마음을 카멜레온처럼 바꿀 수 있는 능력을 지니고 있어야 한다. 게다가 이렇게 마음을 바꿀 때 자신감이 결여된 듯하거나 흥분한 듯한 조짐을 내비쳐서도 안 될 것이다. 이러한 능력이 없다면 리더는 강력한 힘을 지닐 수 없으며, 힘이 없는 리더는 오래 지속될 수 없는 것이다.

20여 년 전에 나는 기사를 쓰기 위해 카네기를 취재했었다. 인터뷰 중에 나는 그에게 성공의 비결을 물었다. 그는 눈을 반짝이더니 나에게 이렇게 반문하였다.

"그래, 젊은이! 질문에 대답하기 전에 묻고 싶은 게 있다네. 대체 '성공'이란 뭐란 말인가? 자네가 정의해 줄 수 있겠나?'

내가 당황하는 기색을 보이자 그는 말을 이어나갔다.

"내가 벌어들인 돈을 보고 성공했다고 말하고 싶은 거겠지?'

나는 시인하고 사람들이 성공했다고 할 때는 일반적으로 돈을 의미한다고 대답하였다.

"음, 그게 자네가 말하는 성공의 의미라면, 내가 돈을 어떻게 벌었는지 그게 궁금하다면 말해주지. 우리 사업체에는 마스터 마인드라는 게 있는데 회사의 감독자, 경영진, 회계사, 실험실 연구원, 그리고 다른 여러 사람들로 이루어진 마음이지. 조직에 속해 있는 한 사람만으로는 이 마음이 생기지 않고, 전 조직원의 마음이 조화로운 협력의 정신으로 확실한 목표를 향해 협력되고 조직되고 이끌어질 때 돈을 벌어다주는 힘이 생기는 거지. 그룹에 속한 사람 중에는 똑같은 사람이 한 사람도 없지만, 그룹 속에서 개개인은 주어진 일을 해내고 다른 어떤 사람보다 그 일을 잘 해내게 되는 거라네."

이때의 대화로 이 책의 씨앗이 나의 마음에 심어진 것이고, 이로부터 많은 시간이 흐르면서 그 씨앗은 뿌리를 내리고 자라나기 시작했다. 인터뷰 후에 수년간의 조사를 통해 결국 '마스터 마인드' 철학의 원리를 발견하게 된 것이다.

마스터 마인드를 구성한 카네기 그룹의 사람들은 잘 조직되고 협력이 잘 이루어져 산업과 경영활동을 통해 실질적으로 카네기에게 수백만 달러를 벌어다 주었다. 그 정신이 심어진 철강산업은 카네기의 부(富)가 가능했던 하나의 예에 불과한 것이다.

이러한 마음을 이루는 근간은 힘 – 명확한 중점 목표의 달성을 위해 자신과 함께 연계된 다른 사람을 조직화시키는 힘 – 이기 때문에 '마스터 마인드'를 석탄경영이나 은행업무, 판매업무 등에 적용하였더라도 동일한 부를 축적할 수 있는 것이다.

카네기의 성과를 주의 깊게 살피면 '마스터 마인드' 법칙의 존재를 알 수 있을 뿐 아니라 이 법칙이 카네기 성공의 주 원천이었음을 알 수 있다.

카네기와 연계된 사람 중 아마도 찰스 슈왑(Charles M. Schwab)처럼 카네기를 잘 아는 사람도 드물 것이다. 그에 따르면 카네기의 성격에는 큰 성공으로 이끌게 한 무언가가 있다고 하는데 다음과 같이 이를 묘사하였다.

"나는 그처럼 생생한 지능과 본능적인 이해력을 지니고 상상력이 풍부한 사람을 본 적이 없습니다. 그는 상대방의 생각을 정확히 진단하고 상대방이 해왔거나 앞으로 할 가능성이 있는 모든 것을 파악할 줄 알았습니다. 상대가 말하기 전에 그는 다음 말을 미리 알고 있었지요.

이러한 그의 능력은 정말 놀라운 것인데 이는 주의 깊은 관찰 덕이지요. 그는 이런 습관화된 관찰 때문에 여러 사안들에 대한 풍부한 지식을 쌓을 수 있었지요.

그러나 그를 더욱 뛰어나게 만든 재능은 다른 사람에게 영감(靈感)을 불어넣고 고취시키는 능력이었습니다. 만약 당신이 뭔가가 미심쩍어 카네기와 상의를 한다고 합시다. 그는 순식간에 그것이 옳은 것이라고 믿게 만들든가, 아니면 의심을 가라앉혀줍니다. 타인을 끌어당기고 격려를 해서 질주하도록 하는 것이 그의 장점입니다.

또한 그는 정말 탁월한 리더십의 소유자였지요. 자신이 경영하는 사업을 자세히 알지 못하고 철이니 엔지니어링이니 하는 데 대한 기술적 지식도 없이 이런 기업을 만들어낼 수 있는 사람은 아마 역사상 카네기 말고는 없을 것입니다. 카네기가 사람들을 움직이는 능력은 그 어떤 판단 능력도 넘어서는 그 무엇에 의존하는 것이었습니다."

마지막 문장에서 슈왑은 내가 카네기의 힘의 원천으로 생각하고 또 이 책에도 소개하고 있는 '마스터 마인드' 이론의 사고를 드러내고 있다.

슈왑은 아울러 카네기가 철강사업에서 거둔 성공처럼 다른 사업에서도 성공을 거두었을 것이라고 말하였다. 그의 성공의 요인은 단순히 철강산업 자체의 지식에 있는 것이 아니라 자신의 마음과 다른 사람의 마음을 이해하는 데서 비롯되었음이 명백하다.

이러한 사고는 아직 뚜렷한 성공을 거두지 못한 사람들에게 위안이 될 것이다. 왜냐하면 성공이라는 것은 순전히 모두에게 열려있는 원리와 법칙의 올바른 적용에 달린 것이기 때문이다.

카네기는 '마스터 마인드'의 법칙을 어떻게 적용할 수 있는지를 터득한 사람이다. 카네기는 자신의 마음과 다른 사람들의 마음을 조직, 협력시켜 명확한 중점 목표를 획득할 수 있었던 것이다.

승리, 조직화된 노력의 가치

유능한 전략가라면 사업이나 전쟁에서 그리고 그가 어느 집단에 소속되어 있든 조직화되고 협력된 노력의 가치를 이해하고 있을 것이다. 군사전략가는 적진에 불신의 씨앗을 심어놓는 작전의 위력을 잘 알고 있다. 불신은 곧 적의 협력을 와해시키는 작용을 하기 때문이다.

세계대전에서 선전활동의 효과에 대해 들어보았을 것이다. 사실 전쟁에서 총과 폭약 등의 무기보다 선전의 위력이 더욱 파괴적일 수 있다.

1차 세계대전의 가장 중요한 전환점은 연합군이 프랑스의 포크(Foch) 원수 산하로 집결했을 때일 것이다. 많은 후세의 사가들은 그 집결이 적군 진영에는 패배의 암시로, 연합군 병사들에게는 승리의 희망으로 받아들여졌다는 것이다.

현대의 철교를 보면 조직화된 노력의 가치를 깨달을 수 있는 좋은 예이다. 철교는 작은 철강 자재들이 수천 톤에 달하는 기차 무게를 지탱할 수 있도록 전체의 무게를 고루 분산시키면서 조직적으로 배치되어 있는 것을 보여주기 때문이다.

어느 마을에 일곱 아들을 둔 사람이 있었는데 자식간에 항상 다툼이 끊이지 않았다. 어느 날 그는 자식들에게 협력의 중요성을 깨닫게 해줄 필요를 느꼈다. 그는 일곱 막대를 하나로 묶어 한 명 한 명에게 이를 다발째 꺾어 보라고 하였다. 각자 시도해 보았지만 모두 허사로 돌아갔다.

이번에는 묶음을 풀고 막대를 하나씩 건네주고는 꺾어 보라고 하였다.

그러자 이때는 모두 쉽게 부러뜨릴 수 있었다. 그러자 아버지는 그 의미를 설명하였다.

"조화의 정신으로 뭉쳤을 때 너희는 꼭 하나의 다발과 같아서 누구도 패배시킬 수 없다. 그러나 서로 분열되어 싸운다면 누구나 너희를 단번에 굴복시킬 수 있을 것이다."

이 이야기는 여러 단체나 고용인, 고용주간, 그리고 우리가 살고 있는 지역과 나라 전체에 적용될 수 있는 값진 교훈이다.

조직화된 노력은 힘이 될 수 있다. 그러나 이러한 힘이 지혜롭게 쓰이지 않으면 부작용을 초래할 수도 있을 것이다. 이런 이유로 이 책에서는 어떻게 하면 조직력의 힘을 잘 유도하여 성공에 이르게 할 것인가를 다루고 있다. 이렇게 얻어진 성공은 진리와 정의, 그리고 공정함에 기초하고 있어서 궁극적인 행복에 이르게 할 것이다.

경쟁이 심하고 황금만능주의 시대인 오늘날에 커다란 비극 중의 하나가 자신이 좋아하는 일에 열정을 쏟는 사람이 극히 적다는 사실이다. 이 점에서 이 책은 여러분으로 하여금 세상에서 자신에게 잘 어울리는 업무를 발견하고 이를 통해 경제적인 부와 행복을 함께 맛보도록 도와주는 것을 목적으로 삼고 있다.

또한 이 책의 전 과정을 통해 여러분은 자신을 보는 안목을 기르고 숨겨진 힘을 발견하며, 야망과 비전을 일깨우고 앞을 향해 나갈 결심을 하도록 자극받을 것이다.

30여 년 전에 헨리 포드가 상점에서 업무를 보고 있을 때 같은 상점의 다른 점원도 똑같은 일을 하였는데, 그 업무에서는 그 점원이 포드보다 훨씬 뛰어났다고 한다. 그러나 이후에도 그는 주당 100달러에 못 미치는 보수를 받으며 여전히 그 일에 머물러 있지만 포드는 세상에서 가장 큰 부자가 되었다.

둘 사이에 물질적인 부의 차이를 하늘만큼이나 벌린 요인은 도대체 무엇이었을까? 포드는 조직화된 노력의 원리를 알고 그것을 적용한 반면 그 사람은 그렇지 못했던 것이다.

앞서 기술한 바와 같이 힘은 조직화된 노력이다!

그리고 성공은 힘에 기반을 두고 있다!

앞서의 설명을 통해 여러분은 이미 '조직화된 노력'의 뜻이 무엇인지 확실히 알게 되었으리라 믿는다. 막대한 부와 성공이라고 불리는 인생의 성취는 책의 다른 장에서도 밝혀나갈 주요 원리를 어떻게 적용하느냐에 달려 있는 것이다.

5% 성공자와 95%의 실패자

이 책은 경제의 원리와 응용심리학의 원리가 완벽하게 조화를 이룬 것이다. 여러분은 앞으로 심리학적 원리에 관한 충분한 설명이 실린 것을 보게 될 것이다. 이는 이 책의 원리를 쉽게 이해시키려는 목적으로 도입된 것이다.

원고가 편집되기 전에 미국에서 가장 성공한 사업가와 은행가들이 - 가장 현실적인 시각으로 - 검토와 분석을 하였고 의견을 제시하였다. 뉴욕시의 유명한 은행가는 다음과 같은 평가와 함께 원고를 돌려주었다.

"나는 예일대학에서 박사학위를 받았다. 그러나 나는 그곳에서 연구하며 얻은 것들을 기꺼이 이 책에서 얻은 성과와 바꾸겠다. 내 아내와 딸아이도 원고를 읽어보았는데, 아내는 이 책을 '인생의 만능 건반'이라고 이름 지었다. 왜냐하면 누구든지 이 책의 원리를 활용하기만 하면, 피아니스트가 건반과 음악의 기초를 터득하면 어떤 곡도 연주할 수 있는 것처럼 각자 분야에서 완벽한 화음을 이룰 것이기 때문이라는 것이다."

20년 넘게 나는 저술에 사용될 자료를 수집, 분류, 조직하였다. 지난 14년간 나는 16,000명에 달하는 개인을 분석하였고, 이러한 분석을 통해 이 책이 실제적이고 유용성을 가지게 된 것이다.

예를 들어 전 분석대상자 중 95%가 실패자이고 5%만이 성공한 사람이었다(여기서 '실패'란 힘겨운 투쟁 없이는 삶의 일상적 필요를 만족시키지 못하며 더 나아가 행복을 발견하지 못한 상태를 의미한다). 아마 전 세계의 모든 사람들을 정확하게 분석해도 성공자와 실패자의 비율은 여기에서 크게 벗어나지 않을 것이다.

성공자, 이른바 조직화된 노력의 원리를 터득한 사람들에게 필수품의 획득 - 많은 사치품, 즉 고급품의 획득도 같다 - 이 상대적으로 쉬운 일인 데 반해, 실패자들은 타고난 재능이 있음에도 그것을 조직하고 이끄는 방법을 몰라 단순히 생존을 위해 투쟁해야 한다는 사실은 끔찍한 일이다.

지난 14년간 16,000명의 분석을 통해 도출된 사실 가운데 가장 놀라운 것은 실패자로 분류된 95%의 사람들은 '인생의 명확한 중점 목표'가 없었기 때문에 이런 부류에 속하게 되었다는 것이다. 이와 반대로 성공한 사람으로 분류된 5%는 목표가 명확했을 뿐 아니라 그들의 목적을 달성하기 위한 확실한 계획도 있었다는 점이다.

분석을 통해 얻어진 또 다른 중요한 사실은 실패자로 분류된 95%의 사람들은 자신이 원하지 않는 일에 종사하고 있었고, 나머지 5%는 자신이 원하는 일을 하고 있다는 현실이었다. 이런 사실로부터 '자신이 원하는 일을 하면서 성공할 수 있을까?' 하는 것은 괜한 의심임이 증명되었다.

또 다른 사실은 5%에 해당하는 사람 모두가 체계적인 저축의 습관을 형성하고 있었고, 나머지 95%의 사람들은 거의 저축을 하지 않았다는 점이다. 이는 심각하게 숙고해야 할 여지가 있는 문제이다.

이 책의 주요 저술 의도 가운데 하나는 자신의 분야에서 막대한 물질적인 부와 함께 행복 또한 거머쥐도록 도움을 주는 데 있다. 이를 위해 직업을 선택하고 그 일에 종사하는 것을 도와줄 것이다.

지금 설명하고 있는 장의 요지는 '명확한'이라는 단어 속에 있다.

놀랍게도 95%에 달하는 사람들은 자신에게 가장 적합한 일이 무엇인지에 대해, 또 생존을 위한 명확한 대상을 설정해야 할 필요가 있는지에 대해 개념조차도 없다는 것이다. 더 끔찍한 것은 그들은 인생에 대해서도 아무런 목적 없이 표류하고 있다는 점이다.

인생에서 명확한 중점 목표를 선택해야만 하는 데는 심리학적 이유뿐 아니라 경제학적 이유가 있다.

우선 심리학적 측면을 알아보도록 하자. 사람의 행동은 자신의 마음에 내재된 지배적인 사고와 조화를 이루면서 나타난다는 것은 이미 잘 알려진 원리이다.

명확한 중점 목표는 마음속에 굳게 자리를 잡고 있으면서 어떤 목표가 실행될 수 있도록 육체의 물리적 행동을 촉발할 때까지 전체 잠재의식을 그 목표에 집중시킨다. 물론 이때는 그것을 실현시키려는 결심이 함께 해야 한다.

자기암시는 일종의 자기최면

명확한 중점 목표를 잠재의식에 새기는 심리학의 원리를 자기암시라고 부른다. 이것은 일종의 자기최면에 해당하는데 단어가 난해하다고 해서 두려움을 가질 필요는 없다. 나폴레옹도 바로 이러한 원리를 통해서 가난한 범인(凡人)에서 프랑스의 최고 권력자가 된 것이다.

에디슨 또한 신문팔이에서 시작하여 자기암시의 원리로 세계적인 발명가가 되었다. 켄터키 산중의 통나무집에서 가난하게 태어났지만 대통령이 된 링컨도 이러한 원리를 적용하였으며, 루스벨트가 미국의 대통령이 된 것도 이 원리 덕택이었다.

당신이 얻고자 하는 대상이 여러분에게 행복을 가져다주는 것이라면 자기암시의 원리에 대해 두려움을 가질 필요가 없다. 여러분의 명확한 목표는 건설적이어야 한다는 사실을 명심하라. 그러면 그 목표를 달성한 후에 어느 누구에게도 고통과 불행을 초래하지 않을 것이고 여러분은 이로써 평화와 번영을 누리게 될 것이다. 만일 목표가 그러하다면 신속한 달성을 위해서 자기암시의 원리를 적용할 일이다.

내가 집필하고 있는 방의 맞은편 길모퉁이에 서서 하루 종일 땅콩을 파는 젊은이가 있다. 그는 잠시도 쉴 틈이 없이 바쁘다. 땅콩을 팔지 않을 때는 그는 땅콩을 굽고 봉지에 채워놓느라고 바쁘다. 그는 인생에 명확한 중점 목표 없이 사는 95%에 속하는 사람 중 한 사람이다.

그는 그가 할 수 있는 다른 일보다 그 일이 좋아서 땅콩을 파는 것이 아니라 한번도 진지하게 자신의 노동에 좀더 많은 보수를 가져다 줄 명확한 목표에 대해 생각해본 적이 없어서 그 일을 하고 있는 것이다. 그는 인생의 바다에 표류하는 자이며 비극은 그가 똑같은 노력을 다른 일에 기울인다면 더 좋은 결과를 얻을 수 있다는 사실에 있다.

또 다른 비극은 그는 무의식적으로 자기암시의 원리를 사용하고 있는데 부정적인 방향으로 이용하고 있다는 것이다. 그의 머릿속을 들여다볼 수 있다면 아마 땅콩 굽는 기계와 종이봉지, 그리고 땅콩을 사려는 사람들로 가득 차 있을 것이다.

그가 만약 좀더 수지맞는 일에 자신을 상상해보는 비전과 야망을 지녔다면 그의 마음은 그 상상한 일에 발걸음을 내디딜 때까지, 그리고 그 상상이 실현될 때까지 영향을 미칠 것이다. 더 많은 보상을 약속해주는 명확한 목표를 향해 노동력을 쓴다면 그는 충분한 보상을 얻을 수 있으며 이는 가치 있게 노동력을 쏟은 것이다.

나에겐 미국에서 가장 유명한 작가이자 대중연설가인 막역한 친구가 하나 있다. 10여 년 전에 그는 자기암시 원리의 가능성을 알아보고 그 즉시 실행을 위한 준비에 들어갔다. 이의 적용을 위한 방안을 작성하였는데 상당히 실제적인 방안이었다. 당시 그는 작가도 연사도 아니었다.

　매일 밤 잠자리에 들기 전 그는 눈을 감고 상상 속에서 긴 회의탁자 둘레에 닮고 싶은 유명인사를 앉혀놓았다. 테이블 끝에 링컨을 앉히고 양 옆으로는 나폴레옹, 워싱턴, 에머슨과 엘버트 허버드를 앉혔다. 이어 그는 탁자 주위에 앉힌 상상 속의 인물들과 대화를 나누기 시작했다.

링컨에게 : 내 성품에 당신의 탁월한 자질인 인내력과 공정함, 유머감각을 심기를 원하고 있습니다. 나는 그러한 자질들을 갖추길 바라며 그것이 갖추어질 때까지는 결코 만족하지 못할 것입니다.

워싱턴에게 : 귀하의 장점인 애국심과 자기희생, 리더십의 자질을 배우고 싶습니다.

에머슨에게 : 나는 당신처럼 감옥의 벽에서, 자라나는 나무에서, 흘러가는 시내에서, 피어나는 꽃송이와 어린아이의 얼굴에서 자연의 법칙을 읽어낼 수 있는 능력과 안목을 갖고 싶습니다.

나폴레옹에게 : 당신의 자신감과 장애를 극복하고 실수와 패배로부터 강해지는 전략적 능력을 배우고 싶습니다.

허버드에게 : 자기 자신의 생각을 간명하고 정확하게, 그리고 힘찬 언어로 표현할 수 있는 당신의 능력을 가지고 싶고 그 능력 이상을 발휘하고 싶습니다.

매일 밤 수개월 동안 이 친구는 상상의 탁자에 역사적 인물들을 앉혀놓고 반복함으로써 결국에는 그들의 특출난 자질이 그의 잠재의식에 뚜렷하게 각인되어 자신의 성격으로 개발되게 만들었다.

잠재의식은 자석과도 같아서 확실한 목적으로 충전된다면 그 목적을 달성하기 위한 모든 것을 끌어당기는 경향이 있다. 여러분은 한낱 풀잎과 나무에서도 이러한 법칙을 끌어낼 수 있을 것이다.

도토리는 참나무로 자라기 위해 필수성분들을 공기와 토양으로부터 끌어낸다. 같은 흙이라고 해서 반은 참나무, 반은 포플러나무로 자라는 일은 결코 없는 법이다. 한 알 한 알 흙 속에 심어진 밀은 그 밀이 자라는 데 필요한 성분만을 흙에서 빨아들인다.

이 법칙에 예외란 없으며 그런 이유로 콩 심은 데 콩 나고 팥 심은 데 팥이 나지, 두 가지가 한 줄기에 자랄 수 없는 것이다.

인간도 동일하게 유유상종(類類相從)의 법칙을 따른다. 어느 도시나 판잣집 촌에 가보면 비슷한 사람들이 함께 살고 있는 것을 발견할 수 있을 것이다. 반대로 부촌에 가면 또한 비슷한 사람끼리 연대해서 살고 있는 것을 쉽게 보게 된다.

성공한 사람은 언제나 성공한 사람을 곁에 두기를 원하기 마련이다. 반면 패배자는 비슷한 상황의 사람들과 어울리게 된다. 그래서 초록은 동색이라지 않았던가.

수면이 평형을 이루는 것처럼 사람도 자신과 경제적으로 혹은 정신적으로 비슷한 사람을 곁에 두고자 한다. 예일대학의 교수와 무식쟁이 날

품팔이는 아무런 연관성이 없다. 이 둘이 오랜 기간 함께 있어야 한다면 둘 다 참기 어려울 것이다. 공통분모가 없는 사람 사이는 물과 기름과 같다. 서로 공통점이 없는 사람들은 친구가 될 수 없는 것이다.

⧗ 유유상종, 인간관계의 바탕

> 필생의 목표는 반드시 세심한 주의를 기울여 선택되어야 하며, 선택하고 난 후에는 잘 보이는 곳에 써 붙이고 적어도 하루에 한 번 이상은 시각화해야 한다. 그렇게 되면 심리학적 효과로 목표가 잠재의식에 깊게 새겨져 결국 그 목표는 자신의 행동을 지배하는 청사진으로 작용하게 됨으로써 목표달성을 향해 한 걸음 한 걸음 인도하게 될 것이다.

지금까지 설명한 것을 요약하면 다음과 같이 정리될 수 있다.

여러분이 원하든, 원하지 않든 여러분의 인생철학과 비슷한 부류의 사람들이 주위에 모이게 마련이다. 이런 진리에 비추어볼 때 자신을 명확한 중점 목표로 무장하고, 자신에게 방해가 되지 않고 도움을 줄 수 있는 사람을 만나는 것이 중요하다는 점을 알 수 있다.

당신의 명확한 중점 목표가 당신의 현재 수준보다 높다고 가정해보라. 인생의 목표를 크게 잡는 것은 당신의 특권이다. 아니, 인생의 수준을 높여야 하는 것은 의무이다. 이해하는가! 자신을 위해 높은 기준을 세우는 것은 여러분과 사회에 대한 의무인 것이다.

명확한 중점 목표만 잘 개발되어 있다면 목표달성은 어려운 일이 아니라는 것을 보여주는 증거가 도처에 있다.

수년 전에 루이스 빅토르 아이틴지(Louis Victor Eytinge)는 종신형을 선고받고 애리조나 교도소로 수감되었다. 수감 당시 그는 개선의 여지없는 그야말로 – 그 자신의 말을 빌려 – '악당'이었다고 한다. 설상가상으로 사람들은 그가 약물 오용에 따른 결핵으로 1년을 넘기지 못할 것이라고 믿었다.

그 정도 상황에서라면 누구나 그렇겠지만 아이틴지도 좌절될 이유가 충분했다. 여론은 그에게 적의를 품고 있었고 그를 격려해주거나 도움을 줄 친구 하나 없었다. 그러나 그의 마음속에 무엇인가가 일어나서 건강을 되찾고 결핵을 굴복시키고 마침내 출감하여 영어(囹圄)의 몸에서 자유의 몸이 될 수 있었다.

이것이 가능했던 마음의 변화는 무엇일까? 바로 이것이다! 그는 결핵을 퇴치하고 건강을 회복할 결심을 하였다는 것이다. 그것은 매우 명확한 중점 목표였다. 1년이 못 되어 건강회복이라는 그의 목표는 성공을 하였고, 이후로 그는 자신의 명확한 중점 목표를 자유의 몸이 되는 것에 두었다. 머지않아 감옥 벽은 녹아내리듯 사라져버렸다.

아무리 견딜 수 없는 상황일지라도 명확한 중점 목표를 설정하고 자기 암시의 원리를 적용할 줄 아는 사람을 묶어둘 수는 없다. 이러한 사람은 가난의 사슬을 끊어버리고 치명적인 질병 또한 극복하며, 변두리 삶에서 힘과 부의 삶으로 상승할 수 있다.

모든 위대한 지도자들의 리더십은 명확한 중점 목표에 그 토대를 두고 있다. 추종자들은 그들의 지도자가 명확한 중점 목표가 있고 이를 행동화할 수 있는 용기를 가진 자라면 기꺼이 그의 뒤를 따른다. 길들여지지 않은 말도 명확한 중점 목표를 가진 기수가 고삐를 잡으면 순순히 그의 말을 듣게 된다.

명확한 중점 목표를 지닌 사람이 군중 사이를 뚫고 지나가려 하면 사람들은 한 켠으로 비켜서서 그를 위해 길을 터줄 테지만, 우물쭈물하고 도무지 갈피를 잡지 못하는 자가 있다면 군중은 그의 어깨를 부딪치며 자신의 길을 내주려하지 않을 것이다.

부모와 자녀 관계만큼 명확한 중점 목표의 결여가 미치는 영향이 확연히 드러나고 부정적인 영향을 미치는 관계도 없을 것이다. 아이들은 눈치가 빨라서 상황에 따라 부모에 대한 태도를 바꾸고 자유자재로 그러한 행동으로 이득을 취한다. 이런 경향은 평생 지속된다.

결론을 얘기하자!

명확한 중점 목표를 지닌 사람은 언제나 존경을 받고 관심의 대상이 된다는 것이다.

이제까지 명확한 중점 목표의 심리학적 면모를 살펴보았다. 지금부터는 경제학적 관점에서 살펴보도록 하자.

증기선이 망망대해에서 키를 잃으면 제자리를 빙빙 돌다가 육지를 수차례나 왕복할 수 있는 충분한 연료가 있더라도, 육지에 도착하지도 못하고 연료를 다 써버리고 말 것이다.

명확한 중점 목표 없이 일하는 사람은 마치 키를 잃은 배와 같다고 할 수 있다. 자신이 원하는 확실한 대상조차 없으면서 그것을 이루었다고 확신할 수는 없으므로 근면한 노동과 좋은 의도만으로는 성공을 이루기에 충분치 않다.

잘 지어진 집은 명확한 목표와 확실한 계획을 가지고 지어지기 시작한다. 계획도 없이 되는대로 집을 짓는다고 할 때 무슨 일이 벌어질지 생각해보라.

노동자는 각자 자신의 방식대로 일을 할 것이고, 건자재는 기초부분이 완성되기도 전에 여기저기 흩어져 있게 되고, 사공이 많으면 배가 산으로 간다고 집을 어떻게 지어야 할지 각자의 의견이 다를 것이다. 그 결과는 혼돈과 오해가 발생하고 막대한 비용을 지출하게 될 것이다.

우유부단과 무력함의 이유

얼마나 많은 사람들이 졸업 후 직업전선에 뛰어들거나 여타 일을 도모할 때, 명확한 중점 목표나 확실한 계획 같은 건 염두에 두지 않고 그 일에 뛰어드는지 생각해본 적이 있는가?

오늘날같이 과학적인 방법으로 정확하게 성격과 적성의 분석이 가능한 시대에 95%에 달하는 사람들이 자신에게 적합한 일을 찾지 못해 실패자가 된다는 사실이 아이러니하지 아니한가?

성공이 힘에 기반을 두고 있고, 이 힘은 조직화된 노력이고, 조직의 방향을 결정하는 첫 번째 단계가 확실한 목표라면 왜 이처럼 목표가 중요한지 쉽게 이해될 것이다.

인생에서 명확한 목표를 선택하지 않았기 때문에 인간은 자신의 에너지를 낭비하면서 이것저것 생각하느라 주의력이 분산되고 그 결과 우유부단함과 무력함으로 인해 힘으로 모아지지 않는다.

돋보기의 경우만 보더라도 조직화된 노력의 가치를 충분히 깨달을 수 있다. 돋보기를 통해서 햇빛을 확실하게 한 점으로 집중시키면 두꺼운 판자에도 구멍을 낼 수가 있는 것이다. 돋보기(명확한 목표를 상징)를 치우면 똑같은 광선이 똑같은 판자 위에 내리쪼인다 하더라도 연기는 한 줄기도 나지 않을 것이다.

건전지 1,000개를 조직적으로 배치하고 전선으로 연결하면 대형 기계도 몇 시간을 돌릴 수 있을 만큼의 에너지가 발생할 것이지만, 똑같은 건전지도 연결된 상태가 아니라면 결코 기계를 작동시키지 못할 것이다.

사람 마음의 재능도 건전지와 같다고 할 수 있다. 이 책에서 소개하고 있는 각 장의 내용에 따라 정신 능력을 조직하고 인생의 명확한 목표를 달성하는 데 집중한다면 조직화된 노력이라 불리는 '힘'이 발생되는 원리를 이용할 수 있다.

여기서 카네기의 충고를 들어보자.

"모든 달걀을 전부 한 바구니에 담아보아라. 그러면 어느 것도 굴러다니지 않을 것이다."

그의 조언에서도 알 수 있듯이 우리는 지엽적인 일에 에너지를 낭비해서는 안 될 것이다. 카네기는 탁월한 경제학자였다. 그는 모든 사람들의 에너지를 한 가지 일에 집중하면 크게 두각을 나타낼 것이라는 점을 잘 알고 있었다.

다리가 없는 사람이 앞을 보지 못하는 사람을 만났다. 다리가 없는 사람은 앞을 볼 수 있었기 때문에 그는 시각장애인에게 둘이 연대하면 서로에게 이익이 될 것이라고 말하였다.

"당신의 등에 나를 업으세요. 그러면 나는 당신의 발을 이용할 수 있고, 당신은 나의 눈을 이용할 수 있지요. 이렇게 우리 둘이 힘을 합하면 잘 해낼 수 있을 거요."

축구경기를 보더라도 승리는 선수들간의 협력이 잘 이루어지는 팀의 몫이다. 팀워크가 승리를 가져다주는 것이다. 인생이라는 게임도 이와 다를 바 없다.

성공을 위한 투쟁을 수행할 때 한시라도 잊지 말아야 할 것은 자신이 원하는 것이 무엇인지 아는 것 – 자신의 명확한 목표가 무엇인지 정확하게 아는 것 – 과 자신의 명확한 목표를 달성하는 데 조직화된 노력의 가치를 깊이 명심하는 것이다.

막연하게나마 거의 모든 사람들이 확실한 목적으로 돈에 대한 욕망을 꼽고 있다. 그러나 이 책에서 의미하는 명확한 목표는 그런 것이 아니다. 돈을 버는 것이 목적인 경우라도 자신의 목적이 명확하다고 말하려면 적어도 어떻게 돈을 축적할 것인지 명확한 수단을 선택해놓아야 하는 것이다.

돈을 벌기 위해 뭔가 일을 해야겠다고 하는 것만으로는 충분하지 않다. 정확히 어떤 일을 할 것인지, 어디서 할 것인지, 어떻게 할 것인지 등을 결정해야 한다.

일전에 16,000명을 상대로 한 설문조사에 "당신은 인생의 명확한 목표가 설정되어 있습니까?" 라는 질문 항목이 있었는데, 대부분의 대답이 다음과 같았다.

"내 인생의 명확한 중점 목표는 되도록 사회에 공헌을 많이 하고 풍요롭게 사는 것이다."

이러한 대답은 마치 우물 안 개구리가 우주의 크기를 논하는 것처럼 모호하다. 이 책은 여러분의 인생이 또는 여러분의 목표가 어떠해야 한다는 것을 논하는 것이 아니다. 그것들은 여러분 자신에 대한 철저한 분석을 통해서만 정확하게 세워질 수 있는 것이다.

불타는 욕망은 강한 자성체로

각자의 분야에서 특출한 성공을 거둔 100여 명의 경영철학을 면밀히 조사한 결과, 이들 모두가 '신속하고 명확하게' 결정을 내리는 사람들이라는 것을 밝혀낼 수 있었다.

명확한 중점 목표를 두고 일을 진행하는 습관은 여러분에게 신속한 결정을 내리는 습관을 길러줄 것이고, 이러한 습관은 자신이 원하는 모든 것을 얻는 데 도움을 줄 것이다.

뿐만 아니라 명확한 중점 목표를 지니고 일을 진행하게 된다면 그것을 획득할 때까지 주어진 모든 일에 자신의 주의력을 집중시키게 된다. 집중적인 노력과 명확한 중점 목표를 가지고 일을 진행하는 습관은 성공을 위한 필수적인 요소로 불가분의 관계이다.

세상에는 남보다 자신이 더 잘할 수 있는 일이 있게 마련이다. 그런 특정 분야를 발견하고 그것을 명확한 중점 목표의 대상으로 삼아 전력을 집중한다면 달성해낼 수 있을 것이라는 믿음으로 공략에 나서야 할 것이다.

자신에게 가장 적합한 일을 찾을 때, 그리고 자신이 좋아하는 일을 발견하면 성공을 거둘 가능성이 크다는 사실을 염두에 두어야 한다. 사람은 자신의 마음과 영혼을 전부 쏟아 부을 수 있는 분야에서 가장 성공하기 쉽기 때문이다.

여기서 강조하는 의미로 재차 분명히 해두고 싶은 것이 있다. 그것은 이 장의 토대가 되는 다음과 같은 심리학적 원리이다.

첫째 : 인간의 모든 행위는 마음의 작용을 통한 사고로부터 발생하고 통제되고 이끌려진다.

둘째 : 자신의 의식 속에 있는 사고나 아이디어는 그와 연계된 감정을 일으키며 적절한 실제 행동으로 변환시키려는 경향이 있다.

예를 들어 윙크를 하고 싶다고 생각하면 – 그 순간에 그 행동을 제어할 반대의 생각이나 사고가 형성되지 않는 한 – 운동신경은 두뇌의 사령탑으로부터 명령을 전달받아 적절한 운동행위가 즉각적으로 발생하게 된다.

이 원리를 다른 각도에서 설명해 보자.

예를 들어 당신이 어떤 명확한 목표를 필생의 작업으로 선택하여 그 목적을 수행하려고 마음먹었다고 치자. 선택을 한 바로 그 순간 이 목표는 자신의 의식을 지배하는 사고가 되고 목표를 달성하기 위한 지식과 정보에 끊임없이 촉각을 곤두세우게 될 것이다.

이렇게 명확한 목표를 마음에 품은 순간부터 여러분의 마음은 의식적으로 또 무의식적으로 목표를 달성하기 위한 재료를 모으고 쌓아가기 시작한다.

욕망은 인생의 명확한 목표를 결정짓는 요인이다. 누구도 당신을 대신해서 당신의 욕망을 골라줄 수 없다. 스스로 이를 선택해 그 욕망이 자신의 명확한 목표가 된다면, 다른 욕망과 충돌을 일으키도록 방치하지 않는 한, 이것이 실현될 때까지는 당신의 마음속에서 가장 큰 자리를 차지할 것이다.

이 책이 강조하고픈 원리는 성공적인 목표달성을 위해서는 '불타는 욕망' 으로 인생의 '명확한 중점 목표' 가 뒷받침되어야 한다는 점이다. 내가 경험한 바로는 대학에 진학한 학생 중 등록금을 마련하기 위해 아르바이트를 하고 스스로 이 문제를 해결해 나가는 학생이 집안에서 학비를 대주는 학생보다 얻는 것이 많다.

그것은 아마도 스스로 등록금을 충당하는 학생이 학업에 대한 '불타는 욕망' 이 강하며, 그 욕망의 대상이 합리적이라면 강력한 욕망은 틀림없이 실현이 되기 때문일 것이다.

과학으로도 입증된 바에 따르면, '자기암시'의 원리를 통해 깊숙이 뿌리내린 어떤 '욕망'이 육체와 정신을 강력한 자성체(磁性體)로 전환시키는데 이 자석은 욕망의 ― 합리적인 ― 대상을 강하게 끌어당긴다는 것이다.

이런 원리를 아직 이해하지 못하는 이들을 위해 다른 방법으로 예를 들어보겠다.

가령 단지 자동차를 갖고 싶다는 욕망만으로 자동차가 자기 앞에 굴러들어오는 것은 아니다. 이는 감나무 밑에 누워 감이 떨어지길 기다리는 것과 하등 다를 바 없다. 그러나 자동차를 소유하고 싶은 '불타는 욕망'을 갖게 되면 이 욕망은 적합한 행동을 유발시켜 결국 자동차를 구입하게 된다는 것이다.

자신이 자유를 획득할 어떤 행동을 취할 만큼 욕망이 강하지 않다면 단순히 자유를 갈망하는 것만으로는 감옥에 갇힌 죄수가 자유의 몸이 될 수는 없는 것과 같은 이치다.

⧖ 욕망에서 성취로 가는 단계

> 성공한 사람들은 명확한 목표를 가지고 그 목표를 위해 자신의 노력을 경주하였다. 반면 수백만 명의 사람들이 오늘도 어김없이 빈곤과 실패에 고통받고 있으며 이들은 그 두 가지를 넘치도록 경험하고 있다. 목표의식이 부족하고 설령 이루고자 하는 목표가 있어도 전력투구하지 않기 때문에 그런 결과를 맞고 있는 것이다.

다음에 제시하는 것은 욕망으로부터 성취로 가는 단계이다.

우선적으로 '불타는 욕망'이 있어야 하고 다음으로 그 욕망을 '명확한 중점 목표'로 구체화시켜야 하며 마지막으로 그 목표를 달성하기 위해 충분하고도 적절한 '행동'을 취해야 한다. 반복하지만 성공을 이루기 위해 이 세 단계는 반드시 거쳐야 할 필수요건인 것이다.

나는 무척 가난한 소녀를 알고 지냈는데 그녀는 돈 많은 남자를 만나 결혼하고 싶은 불타는 욕망이 있었다.

결국 이 목적을 달성할 수 있었는데 만약 그녀가 이 욕망을 자신이 원하는 남편감이 호감을 느끼고 이끌릴 수 있는 매력 있는 성격으로 변환시키지 않았다면 불가능했을 것이다.

또한 나는 사람의 성격을 정확하게 분석하고픈 불타는 욕망을 품었는데, 이 욕망은 끈질기고도 강력하여서 결국 20년간에 걸쳐 이에 대한 조사와 연구를 수행할 수 있었다.

조지 파커(George S. Parker)는 세상에서 가장 좋은 만년필을 만들었다. 그의 사업은 위스콘신의 쟌네스빌(Janesville)이라는 소도시에서 시작되었지만 그의 상품은 전 세계에 팔려 나갔고 글이 씌어지는 곳이라면 세계 어디서든 사용하게 되었다.

20여 년 전만 해도 파커가 마음에 품은 '명확한 목표'는 돈 주고 살 수 있는 최고의 만년필을 만드는 것이었다. 그는 그 목표의 실현을 위해 '불타는 욕망'을 가지고 그것을 가슴에 품었다. 만약 여러분이 파커 브랜드의 만년필을 가지고 있다면 그에게 성공을 가져다 준 물증을 지니고 있는 셈이다.

여러분이 계약자이면서 동시에 건축가라고 하자. 목재와 벽돌, 철근을 가지고 집을 지어내야 하는 것이다. 성공적인 건설을 위해서는 우선 바탕이 되는 설계도가 있어야 한다. 현대사회는 '성공'을 위한 재료가 풍부하면서도 저렴한 풍요로운 시대이다.

도서관에 가면 모든 인간 활동 영역에 대해 2000여 년 동안 선조들이 이루어 놓은 연구결과를 찾아볼 수 있다. 그 중의 하나가 여러분이 원하는 분야일 것이다.

만일 설교자가 되고 싶다면 앞서서 그 길을 밟은 사람들의 궤적(軌跡)을 쉽게 살펴볼 수 있다.

기계공이 되고 싶으면 기계 발명의 역사에서부터 금속의 발견과 사용 등에 관해 손쉽게 정보를 구할 수 있다.

변호사가 되고 싶으면 법률의 역사를 살펴볼 수 있고, 농부가 되고 싶으면 워싱턴 농업부를 통해 경작과 농업에 관해 알아낼 수 있다. 뿐만 아니라 인터넷을 통해 자신이 몸담고 싶은 분야의 정보를 거의 무한정으로 발견할 수 있는 세상인 것이다.

또한 오늘날처럼 '기회'가 넘쳐나는 때도 일찍이 없었다. 더 좋은 제품과 번뜩이는 아이디어를 활용한 제품, 업무능력이 더 뛰어난 사람, 좀더 감동적인 설교를 하는 사람, 고객의 편의를 고려하는 은행 등 어디에나 더 나은 노동과 서비스에 대한 수요가 각광받는 시대이다.

여러분이 인생에서 명확한 중점 목표가 무엇인지 정하기 전까지는, 그리고 그것을 적어 아침저녁으로 눈에 띄는 곳에 붙여놓고 끊임없이 상기하지 않는 한 이 장은 완성되지 않을 것이다.

여러분은 이미 자신만이 인생의 명확한 중점 목표를 형성할 수 있는 사람이라는 것을 알고 있다. 꾸물거릴 하등의 이유가 없는 것이다. 또 명확한 목표는 자기 자신을 위해 설정되어야 할 것이다. 어느 누구도 당신을 대신해서 설정해주지 않는다.

이를 위해 당신은 무엇을 할 것인가? 대체 언제? 그리고 어떻게?

지금 당장 당신의 욕망을 분석해서 자신이 원하는 것이 무엇인지 찾아내고 그것을 얻기 위해 결심하라. 다음 장에서는 다음 단계를 일러주고 어떻게 진행해야 하는지 보여줄 것이다.

이 책에서는 우연히 발생되는 것에 의존하는 것은 없다. 모든 단계는 분명하고 명료하게 서술될 것이다. 여러분이 할 일은 최종 목적지 ― 당신의 명확한 중점 목표 ― 에 다다를 때까지 지시를 따르는 것이다. 목표를 명확히 하고 '불가능이란 없다'는 정신으로 끈기를 가지고 목표를 추구해야 할 것이다.

이때 명심할 것은 명확한 중점 목표를 설정할 때 막연하게 높게 잡아서는 안 될 것이다.

세월이 변해도 결코 변할 수 없는 진리 하나는 '시작하지 않으면 어느 곳에도 이를 수 없다'는 점이다.

만약 당신의 인생 목표가 막연하다면 성취과정도 모호하게 될 것이고, 그 결과 성과 또한 미미할 것이다. 무엇을 언제까지 원하는지, 그리고 왜 원하는지를 파악하고 그것을 얻기 위해 어떻게 하려 하는지 결정하라. 이것은 'WWWH 공식' - 무엇(what), 언제(when), 왜(why), 그리고 어떻게(how) - 으로 알려져 있다.

명확한 목표 실현은 참된 연대로부터

강조하지만 목표를 실현시킬 명확하고 실제적인 계획이 없으면 명확한 중점 목표가 있다한들 아무 소용이 없는 것이다.

첫째 단계는 여러분 인생의 가장 중요한 목표를 결정하는 것이다. 다음으로는 이 목표를 간결하고 분명하게 적는다. 이때 목표를 달성하기 위한 수단과 계획도 함께 적어놓아야 한다. 최종 단계에서는 이러한 계획을 실행하고 당신의 명확한 중점 목표를 실현시키는 데 협조를 해줄 사람이나 사람들과 연대를 형성하는 것이다.

연대 결성 - 우호적인 사람들과 - 의 목적은 여러분의 계획을 지지해줄 '마스터 마인드'의 법칙을 이용하기 위해서이다. 이러한 연대는 여러분과 정신적으로 긴밀한 사람 사이에 형성되어야 한다. 기혼자라면 - 그 부부 사이에 사랑과 신뢰가 존재한다면 - 배우자와 연대를 결성하여 자신감과 공감을 얻을 수 있다. 이외 다른 구성원으로는 부모, 형제 혹은 가까운 친구 등이 적합하다.

미혼인 경우에 애인이 있다면 그와 연대를 이루어라. 지금 당장 이러한 연대가 과연 무엇을 가져다 줄 것인지 반신반의할지도 모르지만, 이는 인간 마음의 가장 강력한 법칙의 하나를 학습하는 것이므로 진지하고 성실하게 법칙들을 따라야 할 것이다.

당신을 도와 '마스터 마인드' 생성을 위해 호의적 연대의 형성에 참여한 사람들은 당신의 명확한 중점 목표를 적은 종이에 당신과 함께 서명을 해야 한다. 당신과 연대한 사람들은 그 연대를 형성할 때 당신 목표를 충분히 알고 있어야 한다.

협력자들은 진심으로 그 목표에 찬성하고 당신에게 전적으로 공감해야 한다. 그 후 그들에게는 당신의 명확한 중점 목표가 적힌 사본을 제공해야 할 것이다. 물론 자신의 중점 목표에 대해 확신해야 하는 것은 말할 필요도 없다.

세상은 의심 많은 사람으로 가득 차 있으므로 생각 없는 사람들이 당신과 당신의 야망을 비웃기도 할 것이다. 그 속 좁은 사람들의 조소는 하등 도움이 안 될 것이다. 당신에게 필요한 것은 호의적인 격려와 도움이지 조소와 의심이 아니라는 것을 기억하길 바란다.

만약 당신이 기도의 효험을 믿는다면 적어도 매일 혹은 할 수 있다면 그이상 자주 명확한 중점 목표를 주제로 삼아 기도를 올리는 것이 좋을 것이다. 만일 당신이 세상에서 건설적인 삶을 살고자 애쓰는 자에게 도움을 줄 수 있고 또 그렇게 하는 신이 있다고 믿는다면, 당신에게는 삶에서 가장 중요한 것을 이루는 데 도움을 달라고 청원할 권리가 있는 것이다.

더 나아가 우호적인 연대에 참여한 사람들이 있다면 그들에게도 당신의 목표달성을 기원하는 기도를 포함시켜 달라고 부탁할 일이다.

자, 다음은 여러분이 반드시 따라야 할 필수적인 원칙을 알아야 할 때이다. 당신과 연대한 사람들에게 그들이 할 수 있는 가장 긍정적이고 분명한 단어를 사용하여 그들은 당신이 당신의 '명확한 중점 목표'를 실현할 수 있고 또 해낼 것을 믿는다고 말해 달라고 하라. 이런 확신이나 격려는 하루에 한 번 이상 가능한 자주 들어야 할 것이다.

앞에 제시한 단계는 반드시 지속적으로 지켜져야 하며 그것도 결국에는 여러분이 원하는 모든 것을 얻게 해주리라는 확신을 가지고 수행되어야 할 것이다. 도중에 그만두지 말고 기간이 소요되더라도 '명확한 중점 목표'를 달성할 때까지는 이런 단계를 반드시 따라야 한다.

그러나 때때로 명확한 중점 목표를 달성하기 위한 계획에도 수정이 가해질 필요가 있을 것이다. 그런 때에 이르면 주저하지 말고 계획을 수정하라. 사람은 항구불변의 계획을 짤 수 있을 만큼 선견지명을 갖추지 못했기 때문이다. 그리고 만일 당신과 연대한 사람 가운데 누군가가 '마스터 마인드'에 대한 믿음을 잃는다면 즉각 그를 다른 사람으로 대체하라.

카네기가 나에게 말하기를 그도 마스터 마인드 그룹의 구성원을 바꿀 필요가 있다는 것을 깨달았다고 하였다. 사실상 초기에 그와 연대했던 거의 모든 구성원을 목표에 좀더 충성스럽고 열의가 넘치는 사람들로 교체를 했다고 한다.

당신의 명확한 중점 목표가 무엇이든 간에 불성실하고 적대적인 사람들에 둘러싸여서는 성공을 거둘 수 없다. 성공은 충성, 신뢰, 성실, 협력과 기타 긍정적인 요소의 토대 위에 이루어지는 것이다.

포드와 에디슨, 그리고 파이어스톤은 개인적으로 친한 친구였다. 그리고 그들이 1년에 한 번씩 숲을 찾아가 휴식을 취한다는 사실은 이미 많은 사람들이 알고 있다. 그러나 다음과 같은 사실도 알고 있을지는 미지수다.

'세 사람 각자의 마인드가 서로 조화롭게 융화되었다는 사실과 그로부터 마스터 마인드가 생성되어 세 사람 각자가 그것을 이용하고 있었다.'

이렇게 초인간적인 능력을 지닌 그 마스터 마인드는 대부분 사람들은 모르는 엄청난 파워를 만들어내기도 한다.

다시 한번 말하지만, 둘 이상(12~13개 정도가 가장 바람직하다고 생각되어진다)의 정신이 조화롭게 융화되면 하나의 새로운 정신이 생성되며, 그것은 에테르의 진동주파수에 동조하여 어떤 사물이나 주제에 대해서도 같은 사고를 포착해 낼 수 있는 능력을 지니게 된다.

정신의 조화법칙을 통해 포드, 에디슨, 파이어스톤은 각자의 노력을 배가해주는 마스터 마인드를 형성했으며 그것은 세 사람 각자의 노력을 도와주었다. 그리고 이들이 이런 사실에 대해 의식하든 안하든 간에 바로 이 마스터 마인드로 성공할 수 있었던 것이다.

이들에게 위대한 힘이 있었는지, 아니면 각자의 노력으로 성공을 거두었는지에 대해서는 해석이 다를 수도 있다. 그리고 이 세 사람들은 자신들에게 마스터 마인드가 있었는지, 혹은 그것을 만드는 힘이 있었는지 알지 못함에도 불구하고 이 말은 사실이다.

시카고에는 '빅 식스(Big Six)'라고 불리는 6명의 힘 있는 사람들이 살

앉다. 이 여섯 명은 중서부 지역에서 가장 힘 있는 사람들이라 불리었다. 그들의 연 수입을 다 합치면 2,500만 달러가 넘는다는 말도 있다.

이 여섯 명 모두가 처음에는 힘든 환경에서 출발했다.

그들의 이름을 나열해 보자면 우선 연 소득만 1,500만 달러가 넘는 것으로 알려진 추잉검 회사의 사장인 윌리엄 리글리 2세(Wm. Wrigley, Jr.), 미국 전역에 톰슨 셀프서비스 식당을 체인으로 경영하는 존 톰슨(John R. Thompson), 로드 앤 토머스(Lord & Thomas) 광고회사를 소유한 래스커(Lasker), 전 세계적으로 가장 큰 운송회사를 경영하고 있는 매컬로프(McCullough), 전국적인 택시사업을 하고 있는 리치(Ritchie)와 헤르츠(Hertz)이다.

단순히 백만장자가 된 사람들에 대해서는 그리 놀랄만한 점이 없다. 그러나 이들 6명의 백만장자가 경제적인 성공 뒤에는 놀라운 연관성이 있다. 이들 사이에는 우정이라는 연결고리가 있고 이 연결고리가 서로 조화를 이루어 마스터 마인드가 형성된 것이다.

계획적이든, 아니면 우연이든 이 여섯 사람은 마스터 마인드를 통해 각각의 마음을 보충하는 방향으로 서로의 정신을 융화시켰다. 그 결과 개개인의 능력으로는 불가능한 성공 그 이상의 성공을 거두었다.

중점 목표는 '취미'가 되어야 한다

이 책을 읽는 여러분 중 대다수가 몸담고 있는 직장이나 자기 분야에서 성공을 거두고 싶어하고, 그 분야의 구성원들과 호의적인 연대를 구축하고 싶어할 것이다. 그런 경우라도 앞서 밝힌 동일한 단계를 밟아 나가야 할 것이다. 여러분의 명확한 중점 목표가 여러분 개인을 위한 것일 수도 있고, 여러분이 속한 그룹 – 직장을 포함한 – 에 이득이 될 수도 있다.

'마스터 마인드'의 법칙은 양자(兩者)를 막론하고 동일한 효력을 일으킨다. 이 법칙을 적용하는 데 일시적이든 영구적이든 실패를 하게 된다면 그것은 여러분과 연대한 구성원 가운데 신뢰, 충성과 성실함의 정신으로 무장되지 않은 사람이 있기 때문이다.

명확한 중점 목표는 여러분의 '취미'가 되어야 할 것이다. 여러분은 그 취미를 가지고 함께 자고, 함께 먹고 함께 놀아야 한다. 더 나아가 함께 일하고, 함께 살고, 함께 사고하는 것, 이른바 생활의 일부분이 되어야 하는 것이다.

여러분이 원하는 것이 무엇이든 온 마음으로 원하고 끊임없이 추구하고 목표가 합리적이라면, 그리고 '정말로 얻을 수 있다고 믿는다면!' 이뤄낼 수 있을 것이다.

단순히 무언가를 얻고 싶다고 '소망하는 것'과 얻게 될 것이라고 '실제로 믿는 것' 사이에는 커다란 차이가 있다. 수많은 사람들이 이 차이를 몰라 실패를 한다. 어떤 일에서든 '행동하는 사람'은 '믿음을 가진 사람들'이다.

명확한 중점 목표를 달성할 수 있다고 믿는 사람들의 사전엔 불가능이란 없다. 그들은 일시적인 좌절도 모르는 사람들이다. 그들은 단지 성공할 것임을 알 뿐이고 계획이 실패하면 재빨리 다른 계획으로 대체한다.

빛나는 성취의 바탕엔 언제나 어느 정도의 일시적 후퇴가 있었다. 에디슨도 수천, 수만 번의 실패와 재시도 끝에 "메리에겐 작은 양이 있어요"라고 세계 최초로 녹음기에 녹음을 성공할 수 있었다. 이 교훈과 연관해 이를 집약할 수 있는 요인은 바로 '끈기!' 이다.

여러분은 이제 성공으로 가는 열쇠를 쥐고 있다. 호랑이를 잡으려면 호랑이굴로 들어가야 하듯이 지식으로 가득 찬 사원(寺院)의 문을 열기 위해서는 안으로 걸어 들어가야 한다. 가만히 생각만 하고 있다고 하여 사원이 당신에게 와주지는 않는다.

물론 이런 법칙이 전혀 새로운 것이라면 처음에는 걸어가는 것이 쉽지 않을 것이다. 아마 여러 번 넘어지게 될 것인데, 그렇더라도 앞으로 가는 것을 포기해선 안 된다. 머지않아 당신은 신뢰와 노력의 대가로 산마루에 올라 지식의 계곡을 내려다 볼 수 있게 될 것이다.

모든 것에는 상응하는 대가와 희생이 따른다. 아무런 노력도 들이지 않고 얻어지는 것은 없다. 마스터 마인드의 법칙을 실험하면서 여러분은 고귀하고 공정한 자연의 법칙과 마주하게 될 것이다. 자연에는 사기와 편법이 통하지 않는다. 여러분이 지속적이고, 굽히지 않으면서도 끈기 있는 노력을 기울일 때만 그 노력에 대한 성과를 내어줄 것이다.

누구나 자기 인생에 영향을 미치는 진실을 알고자 하는 것은 아니다. 많은 사람을 만나면서 발견한 사실은 소수의 사람만이 자신의 약점을 받아들이고 진실을 받아들이려 한다는 것이다.

정신의 타성만큼 끔찍한 것은 없다. 몸이 게으른 사람보다 정신이 게으른 사람의 숫자가 훨씬 많고 정신적인 게으름에는 두려움이 자리잡게 마련이다. 즉, 새로운 아이디어를 얻으려 노력하지 않는 한 마음은 생기를 잃고 게으르고 편협하고 닫힌 마음이 되어버린다.

모든 지식에 장애가 되고 모든 논쟁의 원인이 되며 인간을 영원히 무지에서 벗어나지 못하게 하는 주범이 있다. 그것은 실험이 이루어지기도 전에 경멸부터 하는 것이다.

성공이란 다른 사람의 권리를 침해함이 없이 인생에서 원하는 것을 이룰 수 있게 해주는 힘의 개발이다. 그렇다면 힘이란 무엇인가? 힘은 조직화된 에너지 또는 노력을 의미한다.

"전 조직원의 마음이 조화로운 협력의 정신으로 확실한 목표를 향해 협력되고 조직되고 이끌어질 때 돈을 벌어다주는 힘이 생기는 거지. 이것을 마스터 마인드라고 부른다네."

경쟁이 심하고 황금만능주의 시대인 오늘날에 커다란 비극 중의 하나가 자신이 좋아하는 일에 열정을 쏟는 사람이 극히 적다는 사실이다.

실패자로 분류된 95%의 사람들은 '인생의 명확한 중점 목표'가 없었기 때문에 이런 부류에 속하게 되었다는 것이다. 이와 반대로 성공한 사람으로 분류된 5%는 목표가 명확했을 뿐 아니라 그들의 목적을 달성하기 위한 확실한 계획도 있었다는 점이다.

놀랍게도 95%에 달하는 사람들은 자신에게 가장 적합한 일이 무엇인지에 대해, 또 생존을 위한 명확한 대상을 설정해야 할 필요가 있는지에 대해 개념조차도 없다는 것이다. 더 끔찍한 것은 그들은 인생에 대해서도 아무런 목적 없이 표류하고 있다는 점이다.

명확한 중점 목표는 마음속에 굳게 자리를 잡고 있으면서 어떤 목표가 실행될 수 있도록 육체의 물리적 행동을 촉발할 때까지 전체 잠재의식을 그 목표에 집중시킨다. 이때는 그것을 실현시키려는 결심이 함께 해야 한다.

명확한 중점 목표를 잠재의식에 새기는 심리학의 원리를 자기암시라고 부른다. 이것은 일종의 자기최면에 해당하는데 잠재의식은 자석과도 같아서 확실한 목적으로 충전된다면 그 목적을 달성하기 위한 모든 것을 끌어당기는 경향이 있다.

성공한 사람은 언제나 성공한 사람을 곁에 두기를 원하기 마련이다. 반면 패배자는 비슷한 상황의 사람들과 어울리게 된다. 그래서 초록은 동색이라지 않았던가. 수면이 평형을 이루는 것처럼 사람도 자신과 경제적으로 혹은 정신적으로 비슷한 사람을 곁에 두고자 한다.

아무리 견딜 수 없는 상황일지라도 명확한 중점 목표를 설정하고 자기암시의 원리를 적용할 줄 아는 사람을 묶어둘 수는 없다. 이러한 사람은 가난의 사슬을 끊어버리고 치명적인 질병 또한 극복하며, 변두리 삶에서 힘과 부의 삶으로 상승할 수 있다.

모든 위대한 지도자들의 리더십은 명확한 중점 목표에 그 토대를 두고 있다. 추종자들은 그들의 지도자가 명확한 중점 목표가 있고 이를 행동화할 수 있는 용기를 가진 자라면 기꺼이 그의 뒤를 따른다.

인생에서 명확한 목표를 선택하지 않았기 때문에 인간은 자신의 에너지를 낭비하면서 이것저것 생각하느라 주의력이 분산되고 그 결과 우유부단함과 무력함으로 인해 힘으로 모아지지 않는다.

성공을 위한 투쟁을 수행할 때 한시라도 잊지 말아야 할 것은 자신이 원하는 것이 무엇인지 아는 것 – 자신의 명확한 목표가 무엇인지 정확하게 아는 것 – 과 자신의 명확한 목표를 달성하는 데 조직화된 노력의 가치를 깊이 명심하는 것이다.

명확한 중점 목표를 두고 일을 진행하는 습관은 여러분에게 신속한 결정을 내리는 습관을 길러줄 것이고, 이러한 습관은 자신이 원하는 모든 것을 얻는 데 도움을 줄 것이다.

명확한 중점 목표를 지니고 일을 진행하게 된다면 그것을 획득할 때까지 주어진 모든 일에 자신의 주의력을 집중시키게 된다. 집중적인 노력과 명확한 중점 목표를 가지고 일을 진행하는 습관은 성공을 위한 필수적인 요소로 불가분의 관계이다.

욕망은 인생의 명확한 목표를 결정짓는 요인이다. 스스로 이를 선택해 그 욕망이 자신의 명확한 목표가 된다면, 다른 욕망과 충돌을 일으키도록 방치하지 않는 한, 이것이 실현될 때까지는 마음속에서 가장 큰 자리를 차지할 것이다.

욕망으로부터 성취로 가는 단계는 우선적으로 '불타는 욕망'이 있어야 하고 다음으로 그 욕망을 '명확한 중점 목표'로 구체화시켜야 하며 마지막으로 그 목표를 달성하기 위해 충분하고도 적절한 '행동'을 취해야 한다.

당신의 명확한 중점 목표가 무엇이든 간에 불성실하고 적대적인 사람들에 둘러싸여서는 성공을 거둘 수 없다. 성공은 충성, 신뢰, 성실, 협력과 기타 긍정적인 요소의 토대 위에 이루어지는 것이다.

명확한 중점 목표는 여러분의 '취미'가 되어야 할 것이다. 여러분은 그 취미를 가지고 함께 자고, 함께 먹고, 함께 놀아야 한다. 더 나아가 함께 일하고, 함께 살고, 함께 사고하는 것, 이른바 생활의 일부분이 되어야 하는 것이다.

단순히 무언가를 얻고 싶다고 '소망하는 것'과 얻게 될 것이라고 '실제로 믿는 것' 사이에는 커다란 차이가 있다. 수많은 사람들이 이 차이를 몰라 실패를 한다. 어떤 일에서든 '행동하는 사람'은 '믿음을 가진 사람들'이다.

3장

자기 확신으로
충전된 파워

인간의 6가지 기본적인 두려움

자기 확신, 즉 자신감의 개발은 옆에 가만히 앉아 "너는 할 수 없어. 너는 시작하는 걸 두려워하고 있어. 너는 남들의 이목이 두렵고 실패할까봐 두려워하고 있어. 그리고 능력이 없을까봐 두려워하고 있어"라고 속삭이는, 두려움이라는 악마를 제거하는 데서부터 시작되어야 할 것이다.

사고(思考)는 인간 에너지 가운데 가장 고도로 조직화된 형태라 볼 수 있는데, 오늘날에는 지속적인 실험과 연구를 통해 인간 내면에 숨쉬고 있는 신비한 힘, 즉 사고에 대해 더욱 이해할 수 있게 되었다.

우리는 이미 인류사를 통해 수천 년 동안이나 축적되어 온 두려움을 자기암시의 원리를 이용하여 퇴치할 수 있게 되었다. 인간 심리에 대한 과학적인 연구의 결과이다.

또 이 연구는 두려움이 바로 빈곤과 실패, 불행의 주요 원인이 된다는 것도 알게 되었을 뿐 아니라, 이러한 두려움을 극복한 사람은 어떠한 장애가 자신을 가로막더라도 결국에는 성공적인 업적을 이루게 된다는 것도 경험하게 되었다.

자기 확신(確信), 즉 자신감의 개발은 두려움이라는 악마를 제거하는 데서부터 시작되어야 할 것이다. 그렇지 않으면 머지않아 이 두려움은 당신의 내부에 진을 치게 된다. 그러나 심리학의 발달이 이에 맞설 치명적인 무기를 발견할 수 있었으니 이 장은 그 무기로서 유사 이래 최대의 적인 두려움과의 싸움에 유용하게 쓰이기를 바란다.

모든 인간은 기본적으로 6가지 두려움의 영향을 받게 되어 있다. 이 6가지 두려움 다음으로는 강도가 덜한 두려움이 있을 수 있다. 다음에 기본적이면서도 두려움을 가장 크게 느끼는 6가지를 열거하였고 그 두려움의 근원에 대해서도 설명하였다.

6가지 두려움은 다음과 같다.

① 가난에 대한 두려움

② 늙음에 대한 두려움

③ 타인의 비판에 대한 두려움

④ 사랑 상실에 대한 두려움

⑤ 건강 상실에 대한 두려움

⑥ 죽음에 대한 두려움

사람들은 분별력, 즉 삶에 대한 이해를 하게 되면서 이 6가지 두려움 중 한 가지 또는 그 이상의 두려움에 시달리게 된다. 지피지기면 백전백승이라고 하듯이 이러한 6가지 두려움을 없애기 위한 첫걸음으로 이 두려움들이 어디에서부터 기인하였는지 살펴보기로 하자.

모든 사람은 육체적으로나 정신적으로 두 가지 종류의 유전을 경험하게 된다. 하나는 육체적 유전이고 하나는 사회적 유전이 그것이다. 유전의 법칙을 보면 인간은 단세포 생물인 아메바로부터 서서히 진화해 온 것이다.

여러 세대를 거쳐 진화하면서 인간은 인간 본성에 뭔가 특징적인 것과 습관적인 것, 그리고 그 당시 세대의 외양 등을 더해왔다. 인간의 육체적 유전은 갖가지 습성과 육체적 형태의 집합이라고 볼 수 있다.

이렇게 세대를 거쳐 이루어진 육체적 유전을 통해 인류 공통의 6가지 두려움도 유전되어 왔다는 것에 대해서는 이견 – 6가지 기본적인 두려움은 정신적인 마음의 상태이므로 육체적 유전을 통해 전이가 불가능하다는 관점에서 – 이 있을 수도 있지만, 육체적 유전을 통해 이러한 6가지 두려움에 최적의 장소를 제공해왔던 것은 부인할 수 없는 사실이다.

예를 들어 육체적 진화는 사망, 파괴, 고통과 가혹함을 토대로 일어났다는 점은 이미 주지의 사실이다. 즉, 어떤 생명체가 죽게 되면 그것을 바탕으로 좀더 높은 형태의 새로운 생명체가 탄생하는 것이다. 모든 식물은 토양과 대기의 성분을 '섭취'하면서 생존할 수 있고, 모든 동물은 다른 동물이나 약한 동물 혹은 식물을 섭취하면서 살아가는 것이 자연계의 이치이다.

사람을 포함하여 대부분의 많은 동물이 자신보다 약하거나 작은 동물을 잡아먹으며 살아가기 때문에 이러한 경험으로부터 두려움을 갖게 되었고, 그 두려움은 다시 '세포의 인식'이라는 형태로 세포 안에 두려움이 각인되어 내려왔던 것이다.

두려움의 원인을 설명하는 더 나은 방식으로는 사회적 유전을 통해 설명하는 것이 있다.

인간을 구성하는 가장 중요한 부분이 대개 사회적 유전을 통해 이루어지는 것이다. 이는 전 세대로부터 이어져온 신앙, 전설, 미신과 습관 등을 한 세대가 다음 세대에 물려주면서 유전된다.

'사회적 유전'이란 개인이 지식을 얻게 되는 모든 수단과 출처를 의미한다. 즉, 독서와 상호간의 대화, 일반적으로 '개인적 경험'으로 여겨지는 것으로부터의 영감(靈感) 등 여러 형태로 존재할 수 있다.

사회적 유전의 법칙을 통해 어린아이의 마음에 집중적으로 어떤 아이디어를 받아들이도록 할 수가 있다. 이때 자기에게 주어진 어떤 사상이 참인지 거짓인지를 모른 채 받아들인 어린이는 마치 자기의 육체 일부분인 양 자기의 성품으로 굳어지게 된다. 그리고 이렇게 형성된 믿음은 신체 장기를 바꾸는 것만큼이나 어렵다고 할 수 있다.

자연의 힘을 이용한 위대한 성취

종교 집단이 어린이 마음에 교리와 종교의식 등을 이식하는 것도 사회적 유전의 법칙을 이용한 것이며, 이렇게 이식된 사상은 변경할 수 없는 믿음의 일부로 영원히 봉하게 되는 것이다.

아직 스스로 사고하고 판단할 나이에 이르지 못한 어린이의 마음은 맑고 깨끗하고 모든 것에 열려 있어 자유롭다. 이러한 어린아이의 마음에 심겨진 것은 뿌리를 내리고 자라나 아무리 그에 반하는 논리와 이성을 갖춘 사상을 대하게 된다 할지라도 박멸되지도 씻겨지지도 않게 된다.

많은 종교학자들이 어린이의 마음에 한번 심겨진 교리는 아주 깊게 각인되어 다른 종교를 그 마음에 부분적으로라도 심을 공간이 없게 된다고 주장하고 있는데 이러한 주장에는 타당한 근거가 있는 것이다.

자신을 둘러싸고 있는 자연의 힘을 이용하여 위대한 성취를 이루는 대신, 방자하게도 자연의 힘에 도전하여 결국 이들은 파괴의 힘으로 작용하게 된다.

사실 인간 능력의 개발을 위해서는 자기암시의 원리만큼 효과적인 방법은 없다. 결국 자기암시는 자연법칙의 힘인 셈이다. 이런 위대한 자연의 힘을 잘못 사용할 경우 어떤 일이 일어나는지 다음을 보자.

한 사람이 있었다. 그는 친구가 사기를 쳤으며 이웃도 냉담한 것 같아 낙담한 사람이었다. 그는 곧 (자기암시의 원리를 통하여) 모든 사람은 믿음직스럽지 못하고 이웃 또한 호의적이지 않다고 결론지었다. 이러한 생각은 그의 무의식에 깊게 파고들어 타인에 대한 부정적인 태도를 결정짓게 되었다.

2장에서 살펴본 바와 같이 한 사람의 지배적인 사고는 다른 비슷한 사고를 지닌 사람을 끌어들인다는 사실을 알 것이다. 이렇게 흡인(吸引)이론을 적용해본다면 어째서 불신하는 사람들은 또 다른 불신하는 사람들을 끌어당기는지 알 것이다.

반대의 경우에 이 원칙을 적용해보자.

여기 예를 드는 사람은 만나는 사람마다 좋은 면만을 보는 타입이다.

만약 그의 이웃이 그에게 냉담하다 해도 그는 낙관주의 성품과 타인에 대한 신뢰로 가득 차 있기 때문에 그 냉담에 별로 신경을 쓰지 않는다. 누군가 그를 심하게 대하여도 그는 부드러운 어조로 응대한다.

이처럼 같은 흡인이론이라도 타인과 조화하는 인생관을 가진 사람에게는 타인의 관심을 끄는 방향으로 작용하게 된다.

다시 이 원리를 조금 더 추적해보자.

여기 양질의 교육을 받고 이 세상에 공헌할 만한 유용한 능력을 가진 사람이 있다. 그런데 겸손이 미덕이며, 앞에 나서는 것은 자만의 증거라고 어느 자리에서 듣게 된 후 다른 인생의 주자들이 앞 다투어 무대 앞으로 나설 때에도 뒷자리에 조용히 앉아 있게 되었다.

이런 사람은 '남들이 어떻게 생각할까' 두려워 뒷자리에 남아 있는 것이다. 여론이나 그가 여론이라고 지레짐작하는 것 때문에 그는 뒷자리에 앉게 되고 세상은 그에 대해 별다른 관심을 기울이지 않는다. 그가 어떤 자질을 갖추었는지 스스로 세상에 밝히지 않기 때문에 그의 교육은 무용지물이 되는 것이다.

그는 마치 다른 사람의 비평이 자신을 해치거나 자기의 목적을 좌절시키기라도 할 것처럼 행동하며, 남들의 비판을 피하려면 단지 배경으로 남아 있어야 한다고 끊임없이 자기암시를 통한 주입을 한다. 그는 위대한 자기암시의 힘을 이용하여 손해를 보고 있는 것이다.

여기 또 한 사람은 가난한 부모를 둔 사람이다. 태어난 그날부터 그는 빈곤의 증거들을 보아왔고 빈곤에 대한 이야기들을 들어왔다. 그의 어깨에 드리워진 빈곤의 그늘이 확고하게 느껴져 자기에게는 빈곤을 받아들여야 할 저주가 있다는 생각을 하게 되었다.

무의식적으로 '한번 가난한 자는 영원히 가난뱅이'라는 신조를 받아들였다. 이는 재갈을 풀어버릴 잠재력이 있는데도 이를 잊고 있는 말과 같은 꼴이었다. 이러한 자기암시는 그를 인생의 무대 뒤쪽으로 추방했고 마침내 인생을 체념하게 되었다.

야망은 사라졌으며, 인생의 기회는 그를 비껴가고 있으며, 설령 기회가 온다고 해도 인지하지 못하게 되었다. 그는 이것을 자신의 운명이라고 받아들인 것이다. 정신적 재능 또한 육체의 장기와 마찬가지로 쓰이지 않으면 쇠퇴하게 되는 것이고, 자기 확신 또한 예외가 아니어서 쓰이면 개발되고 방치되면 사라지게 된다.

많은 재산을 상속받은 사람들의 부(富)에 주요한 맹점은 종종 이에 따라 나태하게 되거나 자기 확신을 상실하게 된다는 점이다.

몇 해 전 워싱턴시의 매클린(E.B. McLean) 여사가 아기를 출산하였는데 그 아이에게 상속된 재산이 수백만 달러에 달했다. 아기가 산책이라도 할라치면 그를 보호하기 위해 간호사, 경호원에 하인까지 따라 나설 정도였고, 나이를 먹어도 유사한 조치가 취해졌다.

아이는 스스로 옷을 입지 않았고 그의 하인이 이를 대신해주었다. 심지어 그가 잠을 잘 때나 놀 때에도 주위에는 하인들이 있었다. 그는 하인이 옆에서 해줄 수 있는 일은 어떤 것도 할 수가 없었다. 이렇게 10년이 지난 어느 날 그가 정원에서 놀고 있다가 뒷문이 열려 있는 것을 발견하였다.

그는 평생 혼자서 문 밖을 나선 적이 없었기 때문에 한번 해보고 싶었다. 그의 하인이 다른 곳을 보는 틈을 노려 그는 문 밖으로 뛰쳐나갔고, 도로 한가운데에 이르기도 전에 차에 치어 죽었다. 그의 하인들이 그의 눈을 대신해왔기 때문에 스스로 그 기능을 잃은 것이다.

⌛ 인간의 6가지 두려움의 기원과 속성

> 세상에는 온갖 종류의 두려움이 있지만 그 어떤 것도 가난과 늙음에 대한 두려움보다 치명적인 것이 없다. 우리는 가난이 두려워 자신의 몸을 마치 노예처럼 부리며 노년을 대비해 돈을 쌓으려 한다. 이러한 두려움으로 우리는 몸을 혹사하게 되고 결국에는 피하고자 했던 것에 맞닥뜨리게 된다.

사회적 유전의 법칙이 어떻게 작용하는가에 대한 설명에 이어 이제는 6가지 기본적인 두려움이 비롯되는 출처를 살펴보도록 하자.

여러분 자신의 개인적 경험의 범주를 벗어나지 않고도 – 진리를 판단할 사고능력을 갖춘 자라면 – 이 6가지 두려움에 사회적 유전의 원리를 적용하는 것이 타당하다는 것을 알게 될 것이다.

다행스럽게도 이 장에서 제시하는 증거들은 진정으로 진리를 찾고자 하는 자라면 그 타당성을 쉽게 확인할 수 있는 종류의 것들이다. 그러므로 여기서는 여러분의 편견과 고정관념을 잠시 접어두고(원할 때면 언제나 그 틀 속으로 다시 귀환할 수 있으니까) 인간에게 최악의 적인 6가지 두려움의 기원과 속성에 대해 알아보도록 하자.

① 가난에 대한 두려움

이 두려움의 기원에 관한 진실을 밝히는 데는 용기가 필요하며, 밝혀진 후 이를 받아들이는 데엔 아마도 더한 용기가 필요할 것이다. 가난에 대한 두려움은 자신의 동료를 경제적으로 포식하는 성향으로부터 – 그리고 이러한 성향은 유전된다 – 유래한다.

거의 대부분의 동물들은 이성적이거나 사고하는 능력은 없이 단지 본능만이 있을 뿐이다. 그래서 그들은 서로 육체를 먹이로 삼는 포식을 행할 뿐이다. 그러나 고등의 감각, 즉 직관과 사고, 이성을 지닌 존재인 인간은 그 동족을 육체적으로 포식하진 않지만 경제적으로 포식하는 데서 더욱 커다란 만족을 느낀다.

작금의 세계를 살펴보면 우리는 물질 숭배의 시대에 살고 있다. 두둑한 은행잔고가 없으면 먼지보다 못한 존재로 간주되는 시대인 것이다.

가난처럼 인간에게 고통과 모멸감을 안겨주는 것이 없다. 인간이 가난을 두려워하는 것도 전혀 무리가 아니다.

오랜 세월 축적된 경험을 통해 인간은 돈이나 혹은 기타 물질에 관계되었을 경우에는 믿을만한 동물이 아니라는 것을 알게 되었다. '현재(現在)'는 '현재(現財)'라고 표기할 수도 있을 것 같은데, 이는 작금의 세태가 재물과 너무 긴밀하게 이루어진 세상이기 때문이다.

상당수의 결혼생활이라는 것도 한쪽 배우자 혹은 두 사람이 소유한 재산에 기반을 두고 시작된다(종종 그 때문에 끝날 때도 있다). 그러니 가정법원이 쉴 틈이 없는 것도 어찌 보면 당연한 것이다.

인간의 부에 대한 소유욕은 너무나 강렬하여 때로는 이를 손에 쥐기 위해 가능한 모든 수단을 동원한다. 합법적인 수단을 통하기도 하고 필요한 경우에는 다른 수단을 강구하기도 한다.

가난에 대한 두려움은 너무나도 끔찍한 것이다!

심지어 살인을 저지르고 약탈, 강간, 그리고 기타 타인의 권리를 침해하는 행위를 하고도 부(富)를 소유하고 있으면, 사람들로부터 우러름을 받는 위치에 계속 있을 수도 있다. 그런 면에서 가난은 범죄요, 용서받을 수 없는 죄악인 것이다. 그러니 가난을 두려워하는 것이 당연하지 않겠는가!

지구상의 모든 법령집을 보더라도 가난이 인류에게 6가지 기본적인 두려움 가운데 하나라는 증거를 발견할 수 있다. 거의 모든 법령집이 경제적 강자로부터 약자를 보호하려는 목적의 다양한 법을 싣고 있다는 사실이 이를 입증하고 있다.

가난에 대한 두려움이 인류에 유전되어 온 두려움인지, 아니면 인간에게는 기본적으로 다른 인간으로부터 빼앗으려는 본성이 있어서 그런지 그 기원을 증명하는 것은 마치 '2 × 3 = 6'이라는 것을 증명하는 것과 같다고 하겠다.

인간이 자신의 동료를 신뢰한다고 하면 가난에 대한 두려움을 가질 필요가 없을 것이다. 이 세상은 ─ 자신이 필요로 하는 모든 것, 그리고 또 필요로 하는 것 이상을 가지고도 이를 물 쓰듯이 낭비하는 습관을 지닌 사람들만이 아니라면 ─ 기본적으로 모든 사람을 만족시키기에 충분한 만큼의 의식주가 있고 그 외에도 여러 생산품이 널려 있기 때문이다.

② 늙음에 대한 두려움

이 두려움의 근원은 크게 봐서 두 가지로 볼 수 있다.

첫 번째는 늙음이 가난과 결합될지도 모른다는 생각이다.

두 번째는 종교인들의 무자비하고 그릇된 세뇌에서 비롯된 것으로, 이 것은 '유황과 불' '연옥(煉獄)' 그리고 악령에 대한 설법으로 대변된다. 이에 따라 나이가 드는 것에 대한 두려움을 가지게 되었다. 왜냐하면 지금 살고 있는 세상보다 더 힘든 상황이나 악조건의 끔찍한 세상이 다가오고 있다는 생각 때문이다.

나이가 들어가는 데 대한 두려움과 관련한 두 가지 원인을 다시 한번 정리해보면 하나는 자신의 재물을 앗아갈지도 모르는 타인에 대한 불신에서 비롯되었고, 다른 하나는 사회적 유전법칙을 통해 마음속에 깊이 각인된 사후 세계에 대한 끔찍한 그림 때문이다.

이에 비쳐볼 때 인간이 나이 먹어가는 것을 두려워함은 너무나 당연한 것이다.

③ 타인의 비판에 대한 두려움

인간이 어떻게 이 두려움을 가지게 되었는지 밝히는 것은 어려운 일이지만, 한 가지 확실한 것은 사람에겐 이러한 종류의 두려움이 잘 형성되어 있다는 점이다.

혹자는 이 두려움의 기원을 정치행위가 등장한 때와 시작을 같이한다고 보기도 하고, 또 어떤 이는 '여성클럽'이라고 알려진 여성들만의 단체의 첫 집회에서 비롯된 것이라고 하기도 한다. 또 몇몇 재담꾼들은 이 기원을 성경의 내용에서 찾고 있는데, 그들은 엄격하고 잔혹한 응징의 페이지들에서 비롯된 것이라고 한다.

후자의 주장이 옳다면, 그리고 성경에 기재된 사실들이 문자 그대로 진실이라면 세대를 통해 유전된 비판의 두려움에 대한 책임은 하나님에게 있는 것이다. 성경은 하나님으로 말미암아 씌어진 것이기 때문이다.

물론 재담꾼도 선지자도 아닐 뿐더러 다만 평범한 인간에 지나지 않는 나의 의견은 이러한 '비판에 대한 두려움'의 원인은 부분적으로 타인의 부를 빼앗은 후 그러한 자신의 행위를 타인의 자질을 비난함으로써 정당화하려는 속성에서 비롯된 것이라고 생각한다.

비난에 대한 두려움은 여러 형태로 나타나지만 대부분은 잘 들여다보면 하찮고 사소한 데서 비롯됐을 뿐 아니라 때로는 유치하기까지 하다.

예를 들어 대머리의 남자는 비난에 대한 두려움 때문에 머리가 벗겨진 것이다. 꼭 조이는 밴드로 된 모자를 씀으로써 모근의 순환을 막아 머리카락이 빠지게 되는 것이다. 남자들이 모자를 쓰는 것은 그것이 편하기 때문이 아니라 사실 '다른 사람들이 모두 쓰고 있기' 때문이다. 그래서 다른 사람들이 자신을 비난하지 않을까 두려워해서 사람들은 모자를 쓰게 되는 것이다.

여자들은 대머리가 거의 없는데 이는 그들이 쓰는 모자가 헐거운 것으로써 다만 패션을 위해 이를 쓸 뿐이다. 물론 그렇다 해도 여자들이 모자와 관련해서 타인의 비난에 대한 두려움으로부터 자유롭다고 할 수는 없을 것이다. 이 두려움에 관해서 여성이 남성보다 우월하다고 주장하는 여성이 있거든 유행이 지난 모자를 쓰고 거리를 걸어보게 하라!

의류 제조업자는 모든 인간의 두려움을 이용, 이를 충분히 상업화에 이용하고 있다. 분기마다 의상의 컨셉과 소위 '트렌드' '스타일' 이라는 것이 달라진다. 도대체 누가 트렌드를 창출하는 것인가? 이는 의류 구매자의 몫이 아니고 의류 제조업자의 상술이다.

그러면 그는 왜 분기마다 스타일을 바꾸는 것일까? 의심할 바 없이 더 많은 옷을 팔기 위해서 하는 것이다. 같은 이유로 자동차 생산업체의 경우에도(물론 극소수의 예외가 존재하지만) 끊임없이 새로운 모델을 선보인다.

의류 제조업자들은 인간이란 동물이 '지금 모두가 입고 다니는 옷' 보다 한두 시즌 뒤처진 옷을 입기를 두려워한다는 것을 잘 알고 있다. 어떤가? 사실이 아니라고 부인하고 싶은가? 그렇다고 해도 여러분 자신의 경험이 이를 증명하고 있지 않은가?

지금까지는 비판에 대한 두려움이 작고 사소한 일상에 끼치는 영향을 살펴보았다. 이제는 이러한 두려움이 좀더 중요한 인간사의 측면인 타인과의 교제에 미치는 영향을 살펴보자.

예를 들어 '정신적으로 성숙된 나이(일반적으로 35~40세에 이르는 사람들)'의 단계에 이른 사람들의 경우를 보면, 이들은 종교인(사이비)이 설파하는 교리에 대해 불신과 반항심을 가지고 있는 것을 쉽게 발견할 수 있다.

얼마 전까지만 해도 '이교도'라든가, 사이비라는 것은 곧 파멸을 의미하였다. 이를 봐서도 알 수 있듯이 사람이 타인의 비판에 대해 두려움을 가지는 것도 쉽게 이해가 될 것이다.

④ 사랑 상실에 대한 두려움

이 두려움의 원인에 대해서는 그다지 설명이 필요하지 않을 것이다. 결국 이는 동료의 파트너를 뺏으려는 본성에서 비롯된 것이기 때문이다. 아니면 적어도 그녀의 대상이어야 할 미지의 사람으로부터 그녀를 뺏는 것에서부터 비롯된 것이다.

본래 남성은 천성적으로 일부다처의 속성을 지닌다. 모든 남성은 '일부다처의 속성이 본능 속에 잠재해 있다'라는 사실을 부인하는 사람은 아마도 성적으로 정상적인 기능을 할 수 없을 정도로 나이가 들었거나, 혹 다른 연유로 성적인 능력에 이상이 생긴 경우일 것이다.

사랑 상실에 대한 두려움에서 질투와 '조발성 치매증(광기 : 狂氣)'이 생겨난다는 것은 거의 의심의 여지가 없다.

내가 조사한 '제정신의 미치광이' 가운데에서도 여자에 대한 질투심에 사로잡힌 남자와 반대로 남자 때문에 질투의 화신이 된 여자만큼 이상하고 비정상적인 사람은 없었다.

다행히도 나는 이러한 형태의 정신장애를 개인적으로 한 번만 경험하였을 뿐인데, 이 경험으로부터 사랑하는 사람을 잃는 것에 대한 두려움이야말로 가장 고통스러운 것이라는 것을 알았다. 설령 가장 고통스러운 것이 아니라 해도 적어도 6가지 두려움 가운데서는 가장 고통스럽다는 것은 인식하게 되었다.

뿐만 아니라 이 두려움은 다른 어떤 것보다 인간의 마음을 파괴시키고 황폐화시켜 때로는 다시 돌이킬 수 없는 정신이상의 현상에까지 이르게 되는 것이다.

⑤ 건강 상실에 대한 두려움

이 두려움의 기원을 파헤쳐보면 가난과 늙음에 대한 두려움과 그 기원을 같이한다고 볼 수 있다.

이렇게 본다면 건강 상실에 대한 두려움은 가난과 늙음에 대한 두려움과 긴밀하게 연결되어 있다고 할 수 있다. 즉, 건강 상실도 - 자신이 실제 경험해 본 적이 없어도 - 보고 듣는 것만으로도 불편한 '끔찍한 세계'로 이끌기 때문이다.

나는 때로 건강산업에 몸담고 있는 사람들이 정도 이상으로 질병에 대한 두려움을 인간의 마음에 존재하도록 하는 것이 아닌가 생각하곤 한다.

인류의 역사가 기록된 이래 인간 세상에는 온갖 종류의 건강요법과 치료물질들이 존재해 왔다. 자신의 생계를 타인의 건강을 유지하는 것에 의존하는 사람이라면 그는 모든 수단을 다해 사람들에게 자신의 상품과 서비스가 필요하다고 설득을 할 것이다. 이래서 결국 사람들이 건강 상실에 대한 두려움을 물려받는 것인지도 모른다.

⑥ 죽음에 대한 두려움

많은 사람들은 죽음에 대한 두려움을 6가지 두려움 가운데 최악의 것으로 꼽을 것이다. 그 이유는 심리학과의 평범한 학생조차도 추측할 수 있다. 죽음과 관련된 두려움의 끔찍한 고통은 종교적인 광신주의에 직결된다고 볼 수 있다.

사실 죽음에 관한 이러한 종교상의 책임은 다른 이유들을 다 보탠 것보다 크다고 할 수 있다. '무신론자'들은 사실 '교화(敎化)된' 사람들, 특히 신학의 영향 아래 있는 사람들보다 죽음을 두려워하지 않는다.

수천 년 동안 인간은 답이 없는(아마도 답이 있을 수 없는 것이겠지만) 질문들을 해왔다. '어디서?' '어디로?' 인데 이것은 결국 "나는 어디서 와서 어디로 가게 되는가?" 라는 근원적인 질문이다.

인간은 이에 대한 대답을 끊임없이 찾고 또 제시해 왔다. 그리고 이러한 질문에 답하기 위해서는 지식이나 학습이 필요한 것이 아닌데도 이에 대한 답을 구하는 것을 소위 '학식 있는' 자들의 몫으로 치부해왔다.

자, 이제 죽음에 대한 두려움의 주요한 근원을 목도할 때가 왔다.

"나의 장막으로 들어와 나의 가르침을 받아들이고 나의 교리를 수용하면 (그리고 나에게 그 대가를 지불하라) 나는 여러분에게 통행증을 줄 것이고, 이는 여러분의 죽음의 때에 이르러 천국에 이르는 통행증이 될 것이다"라는 말을 하면서 "내 장막의 바깥에 머무는 사람은 지옥으로 떨어질 것이며 영원토록 불길에 휩싸여 고통에 울부짖게 될 것이니"라고 한다.

그러나 이들, 자칭 수호자라고 일컫는 자들은 천국으로 향하는 통행증을 제공할 수도 없을 것이고, 이를 받아들이지 않는다고 지옥으로 보낼 수는 더더욱 없을 것이다. 그럼에도 후자의 가능성(지옥으로 떨어진다는)으로 말미암아 두려움 중의 두려움, 즉 죽음에 대한 두려움을 일으키게 되는 것이다.

사실 천국이나 지옥이 어떤 곳인지, 어떻게 생겼는지, 아니면 그러한 곳이 존재하기는 하는지 아무도 모른다. 바로 그와 같은 명백하게 밝혀질 수 없는 속성 때문에 마음에 틈이 생겨 온갖 협잡꾼들이 그곳을 열고 들어가 갖은 사기와 속임수, 궤변으로 가득 채우게 되는 것이다.

어떤 설명으로도 움직일 수 없는 진리는 누구도 우리가 어디로부터 왔으며 사후에는 어디로 갈 것인지를 전에도, 지금도 알지 못한다는 사실이다. 이것을 안다고 하는 자가 있다면 자기 자신을 기만하고 있거나 인간의 쉽게 믿는 속성을 이용해 자신의 잇속만을 챙기려는 고도의 사기꾼일 것이다.

그러나 이처럼 '천국에 이르는 통행증을 파는' 일에 관계된 사람 대다수는 천국이 실제로 존재할 뿐 아니라 자신의 교리만이 이를 받아들이는 사람에게 안전한 통행을 약속해 준다고 굳게 믿고 있다는 것이다. 이러한 믿음은 한마디로 요약될 수 있다. 맹신이며 경신(輕信 : 쉽게 믿음)이 그것이다.

일반적으로 종교 지도자들의 의견은 현재의 문명이라는 것도 교회의 봉사로부터 가능할 수 있었다고 주장한다. 개인적으로 나는 이러한 주장에 기꺼이 동의할 수 있지만, 그러한 것이 설령 진실이라 해도 신학자들이 그처럼 자랑스럽게 떠벌릴 일은 아니라고 말하고 싶다.

소위 '문명'이라는 것이 자연법칙을 발견하고 현재 세상이 누리고 있는 많은 발명품을 의미하는 것이라고 한다면, 이러한 문명이 가능했던 이유는 '교회나 교리의 조직적 노력에서 비롯된 것'이라는 주장 자체의 허구성을 지적하고 있는 것이다.

사회적 유전법칙의 영향력

'사회적 유전'이라는 용어는 특히 아이들이 자기 자신의 방법으로 판단하고 사고할 수 있는 나이에 이르기 전에 그의 부모나 권위를 지니는 사람으로부터 윤리행위의 지침이나 종교, 교리, 사상, 가치관 등의 행동양식을 다양한 방법을 통해 받아들이는 것을 가리킨다.

오감을 통해서도 지식을 습득하는 것에 비춰볼 때, 사회적 유전이 모든 지식을 받아들이는 수단이라고 진술하기엔 부족한 면이 많다. 그보다는 사회적 유전이 어떻게 작용하는지를 설명함으로써 독자들이 이 법칙에 대해 포괄적인 이해를 갖도록 하는 것이 더 의미 있는 일이 될 것이다.

우선 하등동물의 행동양식을 통해 그들이 어떻게 사회적 유전법칙의 영향을 받는지 살펴보자.

사회적 유전의 습득과정 [1]

30여 년 전 나는 인간이 지식을 수집하는 방법을 조사하다가 목털이 있는 새들을 관찰하게 되었다.

새들의 둥지는 일정 정도 거리에서 볼 때 어미 새가 보이는 정도의 거리에 위치해 있었다. 망원경을 통해서 이 어미 새가 알을 부화하는 것도 관찰하였다.

여느 날과 같이 내가 이 둥지를 관찰하고 있는데 아기 새가 둥지 밖으로 나오는 것이 목격되었다. 나는 무슨 일인가 싶어 다가가 보았다. 어미 새는 둥지에 가까이 있다가 침입자가 점차 거리를 좁혀오자 자신의 깃털을 흩뜨리고 한쪽 날개를 질질 끌며 도망치기 시작했다. 이것은 적에게 부상을 입었다고 가장하고 새끼를 보호하기 위해 취하는 행위였다.

이미 이러한 어미 새의 습성에 익숙했던 나는 아랑곳하지 않고 아기 새를 살펴보기 위해 둥지에 다가갔다. 그 새들은 조금도 두려워함이 없이 나를 쳐다보면서 고개를 이리저리 돌리곤 하였다. 나는 몸을 숙여 그 중의 한 마리를 집어 들었는데 아기 새는 아무런 두려움의 징후를 보이지 않고 나의 손바닥에 얌전히 놓여 있었다.

나는 이 새를 다시 둥지에 넣어주고 어미 새가 돌아올 수 있게끔 멀리 떨어져 있었다. 잠시 후 어미 새는 조심스럽게 둥지로 가다가 자기가 날개를 끌기 시작했던 곳에 이르자 맹렬한 속도로 다가가기 시작했다. 그 와중에 음식 부스러기를 발견하고 새끼들에게 먹이려 하면서 암탉과 같은 소리를 내었다.

어미새는 아기 새들을 불러 모으고 몹시 흥분된 것처럼 날개를 흔들고 깃털을 곤두세웠다. 사회적 유전의 법칙을 통해서 어미 새가 아기 새들에게 처음으로 자기방어에 관한 설교를 늘어놓는 것을 알 수 있었다.

"너희가 방금 어떤 위험에 처했는지 알고나 있니? 도대체 인간이 우리의 적이라는 것을 몰랐단 말이야? 그가 너를 손바닥에 올려놓았다는 사실이 부끄러운 줄 알아야지! 왜 그가 너를 데려가 잡아먹지 않았는지 모르겠구나! 다음번에 또 사람이 다가오거든 몸을 숨기도록 해. 바닥에 엎드리고 나뭇잎 밑으로 줄행랑을 쳐라. 어디든 그의 눈에 띄지 않는 곳으로 가서 그가 떠날 때까지 꼼짝도 하지 말고 있어야 해!"

아기 새들은 어미 새 주위에 서서 그녀의 말에 집중하고 있었다. 어미 새가 잠잠해지고 나서 나는 다시 한번 둥지에 다가갔다. 그러자 둥지를 지키던 어미 새가 이번에도 날개 다친 시늉을 하면서 나를 다른 방향으로 유인하려 하였다.

내가 이에 신경쓰지 않고 둥지를 살펴보니 텅 비어 있었다. 아기 새들을 어디에서도 발견할 수 없었던 것이다! 그들은 자신의 천적을 피하는 방법을 금세 터득한 것이다.

나는 물러나서 어미 새가 다시 돌아올 때를 기다려 다시 그들에게 다가

갔는데 이때도 결과는 마찬가지였다. 어미 새가 있었던 곳에 이르렀을 때 아기 새들의 흔적을 전혀 느낄 수가 없게 되었다.

사회적 유전의 습득과정 [2]

내가 소년이었을 때 작은 까마귀를 생포하여 이를 애완동물로 키웠다. 이 새는 가정환경에 꽤 만족하게 되었으며 일정 정도의 지능이 필요한 여러 가지 묘기를 부릴 수 있게 되었다. 이 새가 많이 자라 날 수 있게 되었을 때, 어디든 갈 수 있게 풀어놓기도 하였다. 어떤 때는 몇 시간이고 외출을 하였지만 어둡기 전에는 어김없이 귀가하였다.

어느 날 야생의 까마귀 무리가 우리집 근처 가까운 들판에서 올빼미와 싸움을 하였다. 나의 새는 이 야생 동료들의 '까옥까옥' 하는 소리를 듣자 지붕 위로 날아오르더니 상당히 흥분한 것처럼 지붕 양끝을 왔다갔다 하였다. 마침내 날개를 떨치고 '전투'가 벌어진 방향으로 날아가 버렸다.

나는 어떻게 될지 궁금하여 따라가 보았다. 얼마 안 되어 나는 이 까마귀와 함께 귀가하였다. 나의 까마귀는 나무의 낮은 가지에 앉아 있었고, 다른 두 마리의 야생 까마귀는 그보다 조금 위에 앉아 지저귀며 왔다갔다 하였는데, 마치 자신의 아이를 꾸중하는 부모의 행동과 흡사하였다.

내가 다가가자 이 두 야생 까마귀는 날아가 버렸는데, 그 중 한 마리가 나무 위를 서너 번 선회하면서 울부짖었다. 함께 날아가지 않는 나의 까마귀를 매우 공격적인 소리로 채근하는 것이 분명하였다.

이러한 부름에도 나의 까마귀는 주의를 기울이지 않고 집 근처에 돌아왔지만 집 안으로 들어오려고 하지는 않았다. 나의 까마귀는 사과나무의 높다란 가지 위에 앉아 10여 분을 까마귀의 언어로 지저귀었는데, 동료를 좇아 야생의 세계로 돌아갈 것이라고 말하는 것 같았다.

그 후 이틀이 되도록 돌아오지 않았다. 이틀 후에 돌아왔을 때에도 그 까마귀는 안전한 거리를 유지하면서 뭐라고 뭐라고 몇 분간 지저귀더니 다시 떠나고 나서는 영영 돌아오지 않았다.

사회적 유전이 나의 소중한 애완동물을 앗아간 것이다!

그나마 내가 위안을 삼는 것은 영영 떠나기 전에 이를 알려주었던 훌륭한 스포츠맨십과 그가 보여주었던 우애였다.

사회적 유전의 습득과정 [3]

여우는 닭을 비롯한 가금류, 그리고 작은 동물들을 잡아먹지만 스컹크만은 잡아먹지 않는다. 왜 스컹크만은 예외가 될 수 있는지 상세한 설명이 필요하진 않을 것이다. 아마 여우는 한번쯤 이 스컹크라는 녀석을 건드려 보았을 테지만 두 번 다시 건드리는 짓은 하지 않을 것이다.

이런 이유로 여우가 – 경험이 부족한 어린 여우를 제외하고는 – 닭을 습격할 때도 스컹크가 근처에 있으면 안전거리를 확보한 셈이다.

스컹크의 냄새는 일생에 단 한번만 맡았더라도 평생 잊을 수 없고, 이와 유사한 냄새도 없다. 어미 여우가 자신의 아이에게 어떻게 스컹크의 냄새를 판별하고 그 냄새로부터 멀리 떨어지라고 교육을 행하였는지는 알 수 없지만, 여우와 스컹크는 절대 한 동굴에 보금자리를 마련하지 않는다.

단 한번의 교훈만으로도 여우는 스컹크에 대해 알아야 할 모든 것을 알게 된다. 사회적 유전의 법칙을 통하여, 그리고 후각기관의 발동을 통하여 단 한번의 경험이 평생을 좌우하게 되는 것이다.

낚싯바늘에 붉은 천 조각이나 뭔가 붉은 것을 매달아 코앞에 들이밀면 개구리를 쉽게 잡을 수 있다. 단, 이것은 한번 시도로 개구리를 낚았을 때이다. 만약 이 과정이 허술하여 개구리가 도망을 치게 된다면 그 개구리는 다시는 같은 실수를 저지르지 않을 것이다.

나는 한번 잡혔다가 놓쳐버린 개구리를 특별히 겨냥하여 다시 잡아보려고 시도하였다. 이러한 개구리조차도 사회적 유전의 법칙을 배울 필요도 없이 붉은 것은 내버려두어야 하는 것이라는 교훈을 이미 터득하였음을 인정해야 했다.

사회적 유전의 습득과정 [4]

나에게는 한때 아주 아름다운 에어데일(개의 한 품종) 수캐가 있었는데, 그 개가 귀가할 때는 입에 닭을 한 마리씩 물고 돌아오곤 하였다. 그때마다 닭을 빼앗고는 개를 심히 혼내었지만 개선의 여지가 없었고 계속해서 이러한 닭 사냥을 즐겼다.

개의 버릇도 고치고 가능하다면 사회적 유전의 실험도 해볼 겸해서 개를 이웃 농장에 데려갔다. 그곳에는 이제 막 부화한 병아리를 지키고 있는 암탉이 있었다.

닭은 헛간에 있었고 개도 그 닭을 따라 들어갔다. 사람들이 자리를 떠나자마자 나의 개는 암탉에게 서서히 접근하여 그 닭이 있는 곳을 향해 한두 번 코를 킁킁거리더니(자기가 원하는 고기라는 것을 다시금 확인하고자) 그 닭을 향해 달려들었다.

이때 암탉은 주위를 정탐하면서 개를 향해 날개와 발톱을 세우며 공격했다. 이러한 반응은 나의 개가 이전에는 경험해보지 못한 것이었다. 당연히 1라운드는 암탉의 승리였다. 그러나 개는 먹음직스러운 암탉을 포기하지 않고 재차 공격해 들어갔다. 이번에는 암탉이 개의 등에 올라타서 날카로운 발톱으로 개의 피부를 찍고 부리로 쪼아댔다.

톡톡히 대가를 치른 개는 코너에 몰려 현 상황을 파악한 후 이 싸움을 그치게 해줄 종이라도 울려주지 않을까 구원을 바라며 좌우를 살폈다. 그러나 암탉은 전혀 틈을 주지 않고 개를 계속 쫓았으며 끊임없이 도망가게 하면서 공격의 묘를 살려나갔다.

암탉이 나의 불쌍한 개를 구석에서 구석으로 몰고 가면서 소방차 사이렌 같은 소리를 요란하게 낼 때 그 소리는 흡사 동네 소년들에게 자신의 아이가 괴롭힘을 당할 때 이를 방어해주는 어머니가 지르는 소리와 같았다.

에어데일은 처량한 패잔병 꼴이 되었다. 거의 2분간을 헛간의 이 구석 저 구석을 도망 다니면서 사지를 축 늘어뜨리고 뻗어버려 아주 납작해지고 말았다. 고작 할 수 있는 최선의 방어는 눈을 찔리지 않도록 양발을 모으는 것뿐이었다. 암탉은 주로 개의 눈을 쪼려고 했기 때문이다.

암탉 주인이 들어와 싸움을 말리고 그 닭을 꺼내주었다. 더 정확히 말하자면 나의 개를 꺼내준 것이라고 얘기할 수 있는 상황이었다. 다음날 나의 개가 자고 있는 지하에 닭을 한 마리 풀어놓았다. 닭을 보자마자 나의 개는 두 다리 사이에 꼬리를 감추고는 구석으로 도망을 치는 것이 아닌가!

나의 개는 다시는 닭을 잡는 모험 따위는 하지 않았다. 말하자면 개는 '접촉'을 통한 단 한번의 사회적 유전의 교훈으로 닭을 쫓아다니는 것은 재미도 있을 수 있지만 또한 상응하는 위험이 따르는 일이라는 점을 깨닫게 된 것이다.

이러한 모든 실례는 첫 번째의 경우만 빼고 직접 경험으로부터 지식을 모으는 과정을 묘사한 것이다. 직접 경험을 통해 획득한 지식과 어미 새와 아기 새들에게서 볼 수 있듯이, 경험자로부터 다음 세대가 훈련을 통해 지식을 습득하는 것의 차이점을 잘 관찰하기 바란다.

이전 세대가 다음 세대에게 행하는 전승법 가운데 가장 인상적인 것은 색채를 이용하거나 감정에 호소하는 수단을 강구하는 경우이다.

어미 새가 자신의 날개를 펼치고 몸을 떨었을 때 마치 마비증상에 시달리는 사람같았으며, 아기 새들에게 매우 흥분된 소리로 전달하였기 때문에 이들의 가슴에 인간에 대한 두려움을 깊게 심게 하여 다시는 지워지지 않게 되는 것이다.

부자 아빠를 둔 두 아들 이야기

20년 전 나는 비서로 일했는데 사장은 두 아들을 학교에 보냈다. 각각 버지니아대학과 뉴욕에 있는 대학에 들어갔는데, 매달 100달러씩을 수표를 발행하여 보내주는 게 내 업무 가운데 하나였다. 그 돈은 그들이 원하는 대로 쓸 수 있을 만큼의 용돈이었다.

나는 매달 수표를 발행할 때마다 그들을 얼마나 부러워했는지 모른다. 또한 나는 왜 가난하게 태어났는지 의문하기도 하였고, 내가 평범한 비서로 머물러 있는 동안 그들이 높은 위치에 오르는 것을 지켜보곤 하였다.

때가 되어 두 아들은 '졸업장'을 들고 돌아왔다. 그들의 아버지는 은행과 철도, 광산과 기타 재산을 소유한 재력가였다. 아버지의 회사에 그들을 위해 좋은 지위가 이미 마련이 되어 있었다. 그러나 20년의 세월은 세상을 헤쳐 나가는 법을 배운 적이 없는 이들에게 가혹한 판정을 내렸다.

물론 좋게 말하면, 세월은 한번도 생존경쟁을 겪어보지 못한 이들에게 기회를 선사했다고 하는 것이 적당할 것이다. 어찌됐든 그들이 졸업 후 귀향했을 때 졸업증서 말고도 지니고 있던 것이 있었다. 그것은 매달 그들이 받았던 수표가 세상을 치열하게 살 필요가 없게 해주었기 때문에 늘어났던 씀씀이다. 그 중 음주실력이 대단했던 것이다.

그 후일담을 말하자면 길고도 슬픈 이야기가 있지만, 구체적 과정은 생략하고 그들의 말로(末路)만 밝혀두겠다.

마침 이 장이 씌어질 때 그 소년들이 살았던 마을의 신문이 내 책상 위에 있다. 그들의 아버지가 파산을 해서 그의 아들들이 태어났던 호화저택이 매물로 나와 있었다. 아들 한 명은 알코올 중독으로 사망하였고, 다른 아들은 현재 정신요양원에 있다.

물론 부자 아빠를 둔 아들들이 모두 이처럼 불행한 말로를 맞게 되는 것은 아니지만, 나태는 야망과 자기 확신의 상실을 가져오고 이 필수요소가 없어지면 사람은 불확실한 삶을 살게 되어 마른 낙엽이 방향을 잃고 이리저리 실려 다니는 신세같이 될 것이다.

삶에 고군분투라는 것은 단점이라기보다는 장점으로 작용을 한다. 삶에서의 여러 자질들을 길러주기 때문이다. 많은 사람들이 어린시절에 이러한 생존경쟁에 처해진 까닭으로 세상의 중심에 자리를 잡게 되었다.

이러한 고군분투의 장점을 간과하는 부모들은 "젊었을 때 나는 고생하며 일을 했어야 했는데, 자식들에게는 고생을 물려주지 말고 잘해줘야 되겠다"라고 말하기 일쑤다.

불쌍하고 바보 같은 족속들 같으니라고!

젊은 시절을 편하게 보낸 사람은 보통 젊은이들보다 커다란 핸디캡으로 작용하게 된다는 것을 모르는 무지다.

어렸을 때 일을 해야 하는 것보다 더 나쁜 일이 있다. 그것은 강요된 게으름이다. 강제된 노동보다 훨씬 더 나쁘다. 일을 하게끔 유도되고 최선을 다하도록 강요됨으로써 인내와 자제력을 배우고 더 나아가 강력한 의지와 함께 게으름뱅이는 도저히 알 수 없는 수백 가지 미덕을 배우게 된다.

생존을 위해 투쟁할 필요가 없는 삶은 야망과 의지력의 약화를 불러올 뿐 아니라 더욱 위험한 것은 사람의 마음에 무기력한 상태를 조성해 자기 확신의 상실을 초래한다는 점이다.

노력할 필요가 없기 때문에 투쟁하기를 멈춘 사람은 글자 그대로 자기 암시의 원리를 자기 확신을 해치는 방향으로 적용하고 있는 것이다. 그런 사람은 결국 부지불식간에 노력하는 사람을 경멸하는 마음을 지니게 될 것이다.

재차 반복하자면 인간의 마음은 건전지와 같다. 양성을 띨 수도 있고 음성을 띨 수도 있다. 자기 확신은 마음이 재충전되고 양성의 기운을 나타내는 특성이 있다. 이러한 원리를 세일즈맨십 부문에 적용했을 때, 즉 자기 확신이 그 분야에서는 어떤 역할을 수행하는지 살펴보도록 하자.

⌛ 자기 확신으로 충전된 성공의 힘

'자기 자신 외에는 그 누구도 자신에게 성공을 가져다주지 못한다'라는 점을 기억하는 것이 좋을 듯하다. 물론 성공을 거두기 위해서는 다른 사람의 협조가 필요하지만, 스스로 자기 확신의 긍정적인 태도를 지니지 않는 한 타인의 협력을 구할 수는 없는 것이다.

미국에서 존재한 가장 뛰어난 세일즈맨은 한때 한 신문사의 사무국 직원이었다. 그가 어떻게 '세일즈 세계 챔피언'이라는 타이틀을 얻었는지 분석하는 것도 가치가 있을 것이다.

그는 무척 내성적인 젊은이였다. 인생의 무대에서 전면에 서거나 앞자리에 앉지 못하고 뒷문 가까이 혹은 객석의 마지막 자리에서 서성이는 그런 류의 사람이었다.

어느 날 그는 '자기 확신'에 대한 강연을 듣게 되었고, 이 강좌에 깊은 감명을 받아 이전까지 자신이 지내왔던 삶의 방식에서 벗어나야겠다는 확고한 결심을 가지고 강연장을 빠져나왔다.

그는 신문사의 경영간부에게 능력에 따른 인센티브를 받는 조건으로 광고를 따내는 자리를 요구하였다. 사무실 사람들은 영업 분야는 가장 적극적인 성격이 필요하므로 평소 그의 소심한 성격에 비추어 보아 분명히 실패할 것이라고 믿었다. 그는 개의치 않고 사무실로 돌아가서 광고를 따내기 위한 잠재고객의 명단을 작성하였다.

사람들은 아마도 그 명단의 고객들이 최소한의 노력을 들여서 쉽게 광고를 실을 수 있는 광고주일 것이라고 생각했지만, 그는 그렇게 하지 않았다. 오히려 그는 기존의 광고부 직원이 광고를 따내지 못한 사람들의 이름만 골라 명단을 작성하였다. 그 인원은 모두 12명이었다.

방문을 시작하기 전에 그는 도심 공원에 가서 12명의 이름이 적힌 종이를 꺼내 100여 번을 소리내어 읽고는 자신에게 주문을 걸었다.

"당신은 이 달이 끝나기 전에 우리 신문에 광고를 실을 것입니다."

"당신은 이 달이 지나기 전에 우리 신문에 광고를 실을 것입니다."

그러고 나서 그는 방문을 시작했다. 방문을 시작한 첫 번째 날 그는 그 '불가능한' 12명 중 3명으로부터 광고란을 팔고 하루를 마감했다. 그 주가 가기 전에 2명에게 추가로 광고란을 팔 수 있었으며, 월말이 되었을 때는 12명 가운데 11명에게 광고지면을 판매할 수 있었다.

그런데 다음달에는 한 건의 실적도 올릴 수 없었다. 바로 가장 완고한 고객을 제외한 나머지는 전혀 방문을 하지 않았기 때문이다. 아침마다 그는 이 고객에게 전화를 걸어 상담을 요청했고, 그때마다 '노'라는 문전박대를 당해야만 했다.

그 완고한 고객은 자신이 광고를 싣지 않을 것이라는 점을 잘 알고 있었지만, 이 젊은이는 이러한 사실을 모르는 듯했다. 고객이 '싫다'라고 했을 때 젊은이는 이를 듣지 않았다.

그 달의 마지막 날 끈질긴 젊은이에게 연속해서 30번을 거절한 이 고객은 다음과 같이 말했다.

"이봐요, 젊은이! 하나 물어봅시다. 나한테 광고를 따내려고 당신은 자그마치 한 달을 허비했는데, 도대체 왜 그렇게 시간 낭비를 한 거요?"

그러자 그 젊은이는 다음과 같이 대답했다.

"저는 시간을 허비한 게 아닙니다. 저는 매일 등교를 하는 학생이었고, 당신은 저의 선생님이셨습니다. 저는 이제 고객이 광고를 싣지 않기 위해 펴는 모든 논점(論點)을 알게 되었을 뿐 아니라 저는 자기 확신을 길러낼 수 있었습니다."

그러자 고객은 말하기를 "나도 하나 고백하자면 사실 나도 그 동안 학교를 다니는 학생과도 같았고, 자네는 나의 선생이었지. 자네는 돈보다 값진 끈기를 가르쳐 주었으니 내 이에 대한 보답으로 수업료를 내지. 자네에게 광고를 맡기겠네"라고 하였다.

바로 이런 식으로 해서 전 미국을 망라하여 가장 뛰어난 광고 섭외가가 필라델피아의 〈노스 아메리카(North American's)〉지에서 탄생하게 된 것이다. 이로부터 이 젊은이는 명성을 얻게 되었고 결국 백만장자 대열에 들어서게 되었다.

그는 자신의 마음을 흘러넘치는 자기 확신으로 충전하여 불가사의한 힘을 길러냈기 때문에 성공할 수 있었다. 그는 12명의 이름으로 명단을 작성했을 때 다른 사람이 하는 방식을 100% 따르지 않았다. 즉, 상품을 가장 팔기 어려우리라는 사람들만을 골라 명단을 작성하였다.

광고를 파는 데 발생할 수 있는 모든 저항을 이해하고 이로부터 자신을 강화시키며, 아울러 자기 확신을 기르기 위해서였다. 그는 사람들이 최소한의 저항으로 편안한 길만을 가려하기 때문에 강줄기처럼 구부러진다는 사실을 아는 얼마 안 되는 사람 가운데 하나였다.

반복적인 확인을 통한 방향 제시

이 책의 다른 장에서 자신의 무의식에 굳게 자리잡은 마음은 반복적인 확인 과정을 통해 자동적으로 계획과 청사진이 되어 여러분의 노력을 성공으로 이끌 수 있도록 방향을 제시하게 된다는 것을 배웠다.

또한 자기암시는 자신의 마음에 암시를 하는 것을 의미하며, 자신이 선택한 생각을 마음에 심는 원리라고 배웠다. 자기암시는 에머슨이 집필을 할 때 이용하기도 한 원리이며 다음과 같이 얘기한다.

"자신만이 자신에게 평화를 가져다줄 수 있다!"

여러분은 '자기 자신 외에는 그 누구도 자신에게 성공을 가져다주지 못한다' 라는 점을 기억하는 것이 좋을 듯하다. 물론 성공을 거두기 위해서는 다른 사람의 협조가 필요하지만, 스스로 자기 확신의 긍정적인 태도를 지니지 않는 한 타인의 협력을 구할 수는 없는 것이다.

아마도 여러분은 비슷한 훈련을 거치고 실적도 비슷한 것 같은데 어떤 사람들은 주변 사람에 비해 상대적으로 좋은 대우를 받는 것에 의구심을 품은 적이 있을 것이다. 여러분 스스로 이에 해당하는 두 사람을 선택해 차이점을 살펴보면 어째서 한 사람이 다른 이에 비해 좋은 대우를 받는지 확연히 알게 될 것이다. 좋은 대우를 받는 사람에게서는 '자기 자신을 믿는다' 는 사실을 발견하게 될 것이다.

그는 이러한 자신의 신념을 역동적이고 능동적인 행동으로 뒷받침하여 다른 사람들에게는 '그는 자신감이 넘치는 사람' 이라는 인상을 심는다. 이런 자기 확신은 전염성이 있고 설득력을 지녀 다른 사람을 끌어당기는 힘이 있다는 사실도 알게 될 것이다.

좋은 대우를 받지 못하는 사람을 살펴보면 그의 표정에서나 몸가짐, 그리고 활기가 부족한 걸음걸이, 분명하지 못한 말투 등에서 자기 확신이 결여되어 있다는 점을 알게 될 것이다.

자신에 대한 확신이 없는 사람에게 사람들은 주의를 기울이려 하지 않는다. 그의 마음에는 남을 끌어들이기보다 거부하는 부정적인 힘이 있기 때문에 타인을 끌어당기지 못하는 것이다.

세일즈 부문만큼 자기 확신이 중요한 역할을 하는 분야도 없을 것이다. 하지만 세일즈맨이 자기 확신이라는 덕목을 갖추었는지를 판단하기 위해 성격분석가가 될 필요는 없다.

만약 자기 확신이 넘치는 사람이라면 당신은 이것을 금방 파악할 수 있을 것이다. 그가 말할 때마다 그는 당신으로 하여금 그와 그가 팔고자 하는 상품에 확신을 갖도록 할 것이다.

여러분은 자신의 내부에 잠들어 있으면서 깨워주기만을 기다리고 있는 가능성(잠재력)에 대해 거의 인식을 못하고 있다. 그리고 여러분이 만약 주어진 환경의 평범한 자극으로부터 자신을 끌어올릴 수 있는 자기 확신을 충분히 개발하지 않는다면 이러한 잠재력은 영영 인식하지 못하게 될 수도 있다.

몇 달 전 내가 에머슨의 수필집 가운데 《정신의 법칙(Spiritual Lows)》을 다시 읽게 되었을 때, 인간의 마음은 신비롭고 위대한 조직이라는 것을 새삼 깨닫게 되었다. 그때 나는 신기한 현상을 경험하였다.

나는 과거에 이미 여러 번 반복해서 읽었던 수필집에서 이전에는 미처 발견하지 못했던 것들을 발견할 수 있었다. 내가 이전에 읽었을 때보다 더욱 많은 것을 접할 수 있게 된 것은 마지막 독서 후로 나의 마음이 더

넓게 전개되어 더 많은 것을 이해할 수 있게 되었기 때문일 것이다.

인간의 마음은 개화하는 꽃잎과 같이 그 최대치에 도달할 때까지 끊임없이 펼쳐진다. 그 최대치가 얼마이고 어느 지점에서 멈추고 과연 끝이 있기는 한 것인지는 알 수 없지만, 이해의 폭이 넓어지는 정도는 개인의 특성과 그의 마음에 어떠한 사고를 지니고 있는가에 따라 달라진다. 매일 분석적 사고를 행하는 마음은 이러한 이해의 폭이 계속해서 개발되고 넓어지는 경향이 있다.

켄터키주(州)의 루이즈빌 시내에 리 쿡(Lee Cook)이라는 사람이 사는데, 그는 두 다리가 없어 휠체어 신세를 져야만 했다. 그는 태어날 때부터 다리가 없었지만 자신의 노력으로 거대한 산업체의 소유주가 되었고 백만장자의 대열에 오르게 되었다. 자기 확신을 개발하면 다리가 없어도 잘 살아갈 수 있다는 것을 보여주는 산증인이다.

뉴욕 시민이라면 건장한 체구와 쓸만한 두뇌를 가진 젊은이가 두 다리가 없어 매일 오후가 되면 5번가에 나와 구걸을 하는 것을 보았을 것이다. 그의 사고능력은 아마도 보통의 사람과 같이 정상일 것이다.

따라서 이 젊은이도 쿡 씨가 했던 것처럼 자신의 능력을 평가했더라면, 자기 확신, 즉 자신감을 가졌더라면 쿡 씨가 행했던 것 이상을 이룰 수도 있었을 것이다.

위스콘신주의 밀로 존스(Milo C. Jones)라는 사람은 마비증세가 찾아와 침대에서 몸을 돌려 눕히지도 못하고 자신의 근육을 뜻대로 움직일 수도 없게 되었다. 그의 육체는 쓸모가 없어졌지만 두뇌에는 아무런 이상이 없었기 때문에 그는 머리를 쓰기 시작했다.

침대에 똑바로 누워 존스 씨는 명확한 목표를 세웠다. 사실 그의 목표는 단순하고 보잘 것 없었지만 그것은 확실했고 또한 그것은 그가 이전에는 가지지 못했던 '목표'였다.

그의 명확한 목표는 돼지고기 소시지를 만드는 것이었다. 그는 가족을 불러 모으고 자신의 계획을 밝히면서 이 계획을 실행하도록 지침을 내렸다. 성한 두뇌와 충분한 자기 확신 외에 그가 가진 것은 없었지만 그는 '작은 돼지 소시지(Little Pig Sausage)'로 미국 전역을 강타함으로써 명성을 얻었을 뿐 아니라 부도 축적할 수 있었다.

이러한 그의 모든 성취는 몸이 마비되어 두 손을 이용하여 일을 할 수 없게 된 후에 이루어졌다. 놀라운 사고의 힘을 알 수 있을 것이다!

헨리 포드는 자신이 필요로 하는 것보다 더 많은 재산을 소유하였다. 성공을 이루기 얼마 전만 해도 그는 기계공장의 평범한 일꾼으로, 학력도 재산도 보잘 것 없는 사람이었다. 당시 그와 같이 일을 했던 사람 중에는 그보다 많이 배우고 뛰어난 두뇌를 가진 사람들이 많았을 것이다.

포드는 빈곤의식을 벗어던지고 자신에 대한 자신감을 개발하고 성공을 이루고자 하였으며 결국 이를 이루어냈다. 만약 여러분이 좀더 많은 것을 얻고자 한다면 자신에게 더욱 많은 것을 요구하라. 그리고 이러한 요구는 자신에게 하는 것임을 꼭 명심하라!

자기 확신을 위한 5가지 공식

자, 이제는 자기암시의 원리를 파악하고 이를 여러분이 긍정적이고 능동적이면서 자신감을 가진 사람이 되는 데 이용할 단계에 이르렀다. 여러분은 아래의 5가지 공식을 옮겨 적고 서명을 한 뒤 기억하도록 노력해야 할 것이다.

첫째 : 나에게는 명확한 목표를 실행할 능력이 있다는 것을 안다. 그러므로 나는 나 자신에게 명하노니 나는 끈기를 가지고 적극적일 것이며 지속적으로 이의 획득을 위해 행동을 취할 것이다.

둘째 : 나는 내 자신의 지배적인 사고가 점차적으로 외부로 표출되고 행동으로 도출되어 결국 물리적인 현실로 전환된다는 사실을 인식하고 있다. 그러므로 매일 30분 동안 나는 정신을 집중하여 내가 되고자 하는 사람을 떠올리고 그러한 사람의 그림을 그림으로써 결국 실제 행동을 통해 이 그림을 현실로 변형시키는 데 최선을 다할 것이다.

셋째 : 나는 자기암시의 원리를 통하여 내 자신에 품은 욕구는 결국 언젠가는 적절한 수단을 통해 현실화된다는 것을 알고 있다. 그러므로 나는 매일 최소 10분을 할애하여 이 책에 나온 여러 가지 교훈의 요소를 개발할 것을 다짐한다.

넷째 : 이미 나는 향후 5년 동안의 명확한 인생 목표를 설정하였고

그것을 글로 써두었다. 나는 5년 동안 이를 위해 노력할 것이

며 효과적이고 만족할 만한 노력을 통해 이것을 이룰 것이다.

다섯째 : 나는 진리와 정의를 기초로 하지 않는다면 어떤 부와 권세

도 지속될 수 없다는 사실을 누구보다 잘 알고 있다. 그러므로

나는 다른 이에게 이득을 안겨주지 않는 일에는 관여하지 않

을 것이다. 나는 다른 사람의 협력을 이끌어 들임으로써 성공

을 거둘 것이다. 나는 그들에게 먼저 봉사할 것이고 그들도 나

에게 봉사하도록 유도할 것이다. 나는 타인에게 부정적인 태도

를 지닌다면 결코 성공을 거둘 수 없다는 것을 잘 알고 있기

때문에 증오, 시기, 질투, 이기심과 냉소를 인류에 대한 사랑으

로 없앨 것이다. 나는 다른 사람과 나를 믿기 때문에 다른 이

들이 나를 믿도록 할 것이다.

나는 이 공식에 서명을 하고, 암기할 정도로 기억하고, 전적인 믿음을

지니며 하루에 한 번 이상 소리내어 읽을 것이다. 이러한 반복을 통해

결국 나의 인생에 영향을 끼쳐 나는 나의 분야에서 성공적이고 행복한

사람이 될 것이다.

서명_____

이 공식에 서명하기 전에 정말로 이 지침을 이행할 것임을 확실히 해두

어라. 이 공식에는 누구도 설명할 수 없는 법칙이 적용되고 있다. 심리학

자들은 이 법칙을 가리켜 자기암시라고 한다. 여러분에게 말해두고 싶은 것은 이것이 어떻게 불리든 확실히 효과가 있다는 사실이다.

한 가지 마음에 새겨두어야 할 것은 전기가 산업사회를 굴러가게 하고 인간의 삶에 여러 형태로 공헌했지만, 잘못 사용되면 악영향을 미치는 경우가 있는 것처럼 자기암시의 원리도 여러분이 이를 어떻게 적용하느냐에 따라서 평화와 번영을 가져다줄 수도 있는 반면 비참함과 빈곤의 늪으로 끌어들일 수도 있다는 사실이다.

만약 자신의 능력에 대한 의심과 불신이 가득하다면 자기암시의 원리는 불신의 정신을 당신의 지배적인 사고로 무의식에 심게 되어 당신은 실패의 소용돌이에 빨려들게 될 것이다.

그러나 자신에 대한 빛나는 확신을 지닌다면 자기 확신의 원리는 이러한 믿음을 받아들여 당신의 지배적인 사고로 확립시키게 된다. 이는 결국 여러분이 장애를 극복하고 성공의 정상에 도달할 때까지 도움을 주게 될 것이다.

나 스스로도 자기암시의 강력한 원리를 실생활에 적용하는 방법을 몰라 헤매는 어려움을 겪어 봤다. 그렇기 때문에 그 지름길로써 습관의 원리를 제시해보고자 한다. 이 습관의 도움으로 여러분은 자기암시의 원리를 그 목적이 무엇이든 자유롭게 응용할 수 있을 것이다.

습관은 환경에서 자라난다. 같은 것을 계속하거나 같은 생각을 하고, 같은 밀을 반복하는 것으로부터 습관은 생겨난다. 습관은 LP 레코드판에

나 있는 홈과 같고, 인간의 마음은 그 LP판의 홈에 들어맞는 바늘과 같다고 할 수 있다.

어떠한 습관이든 그것이 좋든, 나쁘든 사고와 행위의 반복을 통해서 형성되면 인간의 마음은 마치 축음기의 바늘이 LP판의 홈을 따라 도는 것처럼 그 습관에 밀착하여 뒤따르는 성향을 지니고 있다.

일단 습관이 형성되면 (자기 확신의 개발에 강력한 요소로 변형될 수 있는 사고를 담고 있는) 인체의 행동을 조절하게 된다. 그리고 그 사고라는 것은 자발적으로 또는 필요하다면 강제적인 노력을 통해 추구하는 방향에 맞춰 자신의 노력과 사고를 유도하게 된다. 결국 이런 것이 습관이 되어 계속해서 그 길을 따라 자신의 노력을 경주하게 되는 것이다.

앞서 제시한 것처럼 자기 확신의 공식을 적어놓고 이를 반복하는 것은 자기 자신이 믿는 것을 지배적인 사고로 형성해 그 사고가 습관의 원리를 통해 무의식에 충분히 심겨지게 하기 위한 것이다.

여러분은 글자 형태의 특정한 외형을 팔꿈치의 근육과 손의 근육을 이용하여 끊임없이 반복하고 연습함으로써 글자를 쓰게 되었고, 결국에는 쓰는 습관을 들일 수 있었다. 지금은 글자 하나하나를 천천히 따라 쓸 필요가 없게 됐을 만큼 용이하고 신속하게 글자를 쓸 수 있을 것이다. 이처럼 쓰기도 당신의 습관이 된 것이다.

습관의 원리로 여러분이 근육을 움직일 수 있는 것처럼 마음의 능력도 장악하게끔 할 수 있다. 독자들은 자기 확신의 장을 터득하고 적용함으로써 이를 쉽게 증명해 낼 수 있을 것이다. 자신에게 끊임없이 반복하는 진술을 통해, 혹은 어떤 욕구를 마음에 품고 계속 생각하면, 그것은 결국 육체적인 표현으로 나타날 것이다.

습관의 원리는 자기 확신의 기초가 되므로 이 장에서 제시한 지침을 이해하고 제대로 따르기만 한다면, 이러한 습관에 대한 강좌를 수천 번 듣는 것보다 더 많은 것을 알게 될 것이다.

인생에 중요한 전환점의 계기

인생에서 가장 중요한 전환점이 예상 밖의 시간에 뜻하지 않은 방법으로 다가올 수도 있다는 사실이 이상하게 느껴지기도 하겠지만 이는 분명 사실이다.

나는 이를 증명할 수 있는 전형적인 예를 가지고 있다. 인생에 별로 중요해 보이지 않는 일이 어떻게 해서 결과적으로는 가장 중요한 경험이 되었는지를 나타내는 것이다. 이를 통해 인간이 자기 확신의 가치에 눈뜨게 되었을 때 어떤 변화가 일어날 수 있는지를 보여주는 사례이다.

내가 말하고자 하는 일은 시카고에서 경험한 것으로 당시 나는 성격분석에 관련된 일을 하고 있었다.

어느 날 부랑자로 보이는 사람이 사무실에 나타나 면담을 요청하였다. 일을 하다가 그를 보고 인사를 하자 그는 주머니에서 《자기 확신(Self-confidence)》이라는 책을 꺼내며 "저는 이 책을 쓰신 분을 만나려고 왔습니다"라고 하였다. 그 책은 내가 수년 전에 집필하였던 것이다.

그는 계속해서 "어제 오후 이 책이 제 손에 들어온 것은 운명과도 같았지요. 저는 그날 미시간 호수에 가서 권총자살을 하려고 마음먹었었거든요. 저는 세상과 모든 사람, 심지어는 하나님과도 볼장 다 보았다고 생각을 하고 있었는데, 이 책을 보고 나서는 새로운 눈을 뜨게 되었고 어제 하루를 견뎌낼 수 있는 용기와 희망을 가지게 되었지요. 저는 이 책을 쓴 사람을 만날 수 있으면 그는 저에게 새롭게 시작할 수 있는 방법을 알려줄 수 있고 제게 도움을 줄 수 있을 것이라는 생각을 하게 되었어요. 그래서 제가 여기에 온 것입니다. 당신이라면 저 같은 사람을 위해 무엇을 해줄 수 있는지 알고 싶습니다"라고 말하였다.

그가 말을 하는 동안 나는 그를 머리끝에서 발끝까지 관찰하였는데, 사실 마음속 깊은 곳에서는 그를 위해 해줄 수 있는 것이 아무것도 없다고 생각했지만 그렇게 얘기하지는 않았다. 흐리멍덩한 눈동자, 얼굴에 드리워진 의기소침함, 열흘간은 손도 대지 않은 것 같은 턱수염과 초조한 태도 등은 그가 이제는 더 이상 가망이 없다는 것을 여실히 드러내주고 있었다.

그러나 차마 그렇게 말을 할 수가 없어 일단은 앉으라고 한 후에 그의 이야기나 들어보자고 하였다. 나는 그에게 솔직하게 밝혀주기를 요청하였고, 특히 어떻게 해서 그가 이렇게 밑바닥 생활을 하게 되었는지 밝혀달라고 요구하였다. 그리고 그의 이야기를 듣고 나서 내가 그에게 어떤 도움을 줄 수 있는지 얘기해 주겠다고 말하였다.

148

그는 상세하게 오랜 시간에 걸쳐 얘기를 하였는데 대략 다음과 같다.

그는 규모가 작은 제조업에 전 재산을 투자하였다. 그러나 그 당시 세계대전이 발발하여 공장 운영에 필요한 원자재를 구할 수 없었고 그래서 사업은 실패를 하게 되었다. 그는 전 재산을 잃었고 매우 낙심하여 처자를 떠나 부랑자가 되었다. 그는 상심한 나머지 자살을 실행할 정도에 이르고 말았다는 것이다.

이야기를 다 듣고 나서 나는 그에게 말했다.

"당신의 얘기를 주의 깊게 잘 들었습니다. 저도 당신을 돕기 위해 뭔가를 할 수 있었으면 합니다만, 아쉽게도 제가 할 수 있는 일은 아무것도 없는 것 같군요."

나의 말을 듣고 그는 얼굴이 마치 관에 누워 있는 시체처럼 하얗게 질려서는 의자에 앉아 얼굴을 가슴에 묻고 "그렇군요"라고 맥이 탁 풀린 채 말하였다. 나는 잠깐을 기다린 후 다음과 같이 말했다.

"아까도 말씀드렸지만 제가 당신을 위해 해줄 것은 아무것도 없습니다. 다만 당신에게 소개해주고 싶은 사람이 있습니다. 그는 당신이 잃은 재산을 돌려줄 수도 있고, 당신이 다시 시작하도록 도움을 줄 수 있는 사람입니다."

이 말이 내 입에서 떨어지기가 무섭게 그는 벌떡 일어서더니 내 손을 움켜쥐고는 "맙소사, 하나님! 그 사람을 소개시켜 주세요"라고 말했다.

그가 '하나님!'이라고 말한 것은 충분히 고무적인 현상이었다. 그것은 적어도 그에게 일말이나마 희망의 여지가 남아 있다는 것을 의미하는 것이었다.

나는 그의 팔을 잡고 내가 성격분석을 위한 심리학 실험을 하는 실험실로 데리고 가서 커튼 앞에 세웠다. 나는 커튼을 걷어 전신거울을 보여주었는데, 그는 이를 통해 머리에서 발끝까지 자신을 살펴보게 되었다.

나는 손가락으로 거울을 가리키며 말했다.

"말씀드렸다시피 제가 소개시켜 주기로 한 사람입니다. 이 세상에 당신이 새로이 시작할 수 있도록 할 수 있는 유일한 사람입니다. 만약 당신이 지금까지 그랬던 것처럼 이 사람을 알려고 하지 않는다면, 아마 당신은 또다시 미시간호에 가서 자살을 시도하게 될지도 모릅니다. 왜냐하면 당신이 이 사람을 잘 알지 못한다면 자신에게도, 또한 세상에게도 당신은 아무런 가치가 없을 것이기 때문입니다."

그는 거울에 조금 더 다가가서는 수염이 성성한 얼굴을 만져보며 자신을 머리에서 발끝까지 한참을 뜯어보고 뒤로 물러서더니 고개를 숙이고 흐느끼기 시작했다. 나는 이미 해줄 수 있는 것을 다하였기에 그를 엘리베이터까지 데려다주었다.

나는 다시 그를 만나게 되리라고 기대하지 않았다. 그는 사실 다시 돌아오기에는 너무 멀리 가버린 것처럼 보였기 때문에 그러한 교훈으로 새 삶을 시작하게 될지 미심쩍었던 것이 솔직한 심정이었다. 그는 단지 추락만 한 것이 아니라 세상에서 제외된 것처럼 보였기 때문이다.

그러나 며칠 뒤 나는 길에서 그와 마주쳤다. 180도로 변한 그를 나는 거의 못 알아보았다. 그는 어깨를 잔뜩 젖히고 힘차게 걸었다. 낡고 초조한 모습은 온데 간데 없어 찾을 수가 없었다. 말쑥하게 새 옷을 차려입었는데 여유로워 보였으며 자신도 여유롭게 느끼는 듯했다.

그는 나에게 무슨 일이 생겼으며 어떻게 그 사이에 영락한 실패의 상태에서 희망의 모습으로 변하게 되었는지 얘기해 주었다.

"마침 좋은 소식을 전해주려고 선생님의 사무실에 가려던 참이었습니다. 그날 저는 선생님의 사무실을 나와서 초라하고 너덜너덜한 행색에도 불구하고 일자리를 구하게 되었습니다. 게다가 사장님은 돈을 가불해주어서 선생님이 보시는 것처럼 새 옷을 몇 벌 살 수 있었고 식구에게도 돈을 좀 부칠 수 있었습니다. 다시 한번 성공의 길에 오르게 된 것입니다.

며칠 전만 해도 꿈과 희망, 믿음, 용기를 잃고 자살을 시도했다는 사실이 남의 일같이 여겨집니다. 언젠가는 선생님도 저를 잊었을 때쯤 선생님을 찾아뵙고 말씀드리려고 했습니다. 그리고 백지수표를 끊어 선생님을 수취인으로 선생님이 원하는 금액만큼 쓰도록 하고 싶습니다. 선생님께서 거울에 비친 저를 가리켜서 제가 몰랐던 저를 소개시켜 줌으로써 이전의 저로부터 벗어나 참된 나를 찾게 해주셨으니까요."

말을 마치고 그가 다시 거리의 군중 사이로 사라졌을 때, 나는 내 생애처음으로 자기 확신의 가치를 발견하지 못했던 한 사람의 마음에 얼마나 강력한 힘이 잠재되어 있는지를 깨닫게 되었다. 그래서 나도 그 전신거울 앞에 서서 질책하는 손가락으로 나를 가리키며 다른 사람은 일깨웠으면서도 자신을 깨우치지 못했던 교훈에 대해 반성하였다.

나는 그 전신거울 앞에 서서 사람들이 자신의 내부에 잠자고 있는 힘을 발견하는 데 도움을 주는 것을 나의 인생의 명확한 목표로 삼았다. 여러분이 현재 보고 있는 이 책이 나의 명확한 목표가 실행되었음을 말해주는 실례인 것이다.

자, 이제 다시 자기 확신의 공식을 살펴보고 이를 자기 것으로 만들도록 하자. 그것은 여러분의 마음에 '발전소'를 건설하여 성공의 계단을 오르는 힘을 생기게끔 할 것이다.

당신이 스스로를 믿을 때라야 남들이 당신을 믿게 된다.

당신이 자신에 대해 느끼는 대로 그들은 당신의 사고에 주파수를 맞추고 당신에 대한 느낌을 가지게 될 것이다.

만약 여러분에게 자기 확신이 있다면 주위 사람들이 이를 먼저 발견할 것이다. 그들이 이를 발견하도록 하라. 그들은 이를 알아챈 자신의 눈썰미와 예민함에 뿌듯함을 느낄 것이고, 여러분은 자만의 의혹으로부터 자유롭게 된다. 자만으로 가득 찬 사람에게는 모욕과 비방만이 따를 뿐 기회가 오지는 않는다.

기회는 자만보다는 자기 확신과 더 빠르고 쉽게 친해질 것이다. 이를 명심하여 자화자찬이나 호들갑이 아닌 행동으로써만 자기 확신에 찬 자신을 드러내야 할 것이다.

자기 확신은 지식의 소산이다. 자신을 알아야 한다. 얼마만큼 아는지 왜 그것을 알고 있으며 이를 어떻게 이용할 것인지도 알아야 한다. 허풍선이는 자신이 실제로 아는 것보다 더 많이 아는 체를 하여 실패하는 것이므로 이를 경계하기 바란다. 교육받은 사람은 당신과 3분만 대화를 나누어 봐도 정확하게 수준을 파악해 낼 수 있으므로 자만과 위장은 아무런 소용이 없다.

실제 어떤 사람인지는 금방 파악이 되어 자신이 어떠한 사람이라고 '주장'하는 것은 들리지 않는다. 만일 여러분이 지금의 경고를 명심한다면 이 장의 마지막 부분은 여러분의 인생에 전환점으로 작용될 수 있을 것이다.

자신을 믿되 세상 사람들에게 할 수 있다고 말하지 말고 행동으로 보여주어라! 그러면 이제 여러분은 성공의 사다리에 한 발 더 올라갈 수 있는 준비가 된 것이다.

인간 심리에 대한 과학적인 연구의 결과 두려움이 바로 빈곤과 실패, 불행의 주요 원인이 된다는 것도 알게 되었을 뿐 아니라 이러한 두려움을 극복한 사람은 어떠한 장애가 그를 가로막더라도 결국에는 성공적인 업적을 이루게 된다는 것도 경험하게 되었다.

모든 사람은 육체적으로나 정신적으로 두 가지 종류의 유전을 경험하게 된다. 하나는 육체적 유전이고 하나는 사회적 유전이 그것이다. 두려움의 원인을 설명하는 더 나은 방식으로는 사회적 유전을 통해 설명하는 것이 있다.

'사회적 유전'이란 개인이 지식을 얻게 되는 모든 수단과 출처를 의미한다. 즉, 독서와 상호간의 대화, 일반적으로 '개인적 경험'으로 여겨지는 것으로부터의 영감(靈感) 등 여러 형태로 존재할 수 있다.

거의 대부분의 동물들은 이성적이거나 사고하는 능력은 없이 단지 본능만이 있을 뿐이다. 그래서 그들은 서로 육체를 먹이로 삼는 포식을 행할 뿐이다. 그러나 고등의 감각, 즉 직관과 사고, 이성을 지닌 존재인 인간은 그 동족을 육체적으로 포식하진 않지만 경제적으로 포식하는 데서 더욱 커다란 만족을 느낀다.

나이가 들어가는 데 대한 두려움과 관련한 두 가지 원인을 다시 한번 정리해보면 하나는 자신의 재물을 앗아갈지도 모르는 타인에 대한 불신에서 비롯되었고, 다른 하나는 사회적 유전법칙을 통해 마음속에 깊이 각인된 사후 세계에 대한 끔찍한 그림 때문이다.

'비판에 대한 두려움'의 원인은 부분적으로 타인의 부를 빼앗은 후 그러한 자신의 행위를 타인의 자질을 비난함으로써 정당화하려는 속성에서 비롯된 것이라고 생각한다. 비난에 대한 두려움은 여러 형태로 나타나지만 대부분은 하찮고 사소한 데서 비롯된 것이다.

내 경험으로는 사랑하는 사람을 잃는 것에 대한 두려움이야말로 가장 고통스러운 것이라는 것이다. 뿐만 아니라 이 두려움은 다른 어떤 것보다 인간의 마음을 파괴시키고 황폐화시켜 때로는 다시 돌이킬 수 없는 정신이상의 현상에까지 이르게 되는 것이다.

건강 상실에 대한 두려움은 빈곤과 노령에 대한 두려움과 긴밀하게 연결되어 있다고 할 수 있다. 즉, 건강 상실도 – 자신이 실제 경험해 본 적이 없어도 – 보고 듣는 것만으로도 불편한 '끔찍한 세계'로 이끌기 때문이다.

수천 년 동안 인간은 답이 없는(아마도 답이 있을 수 없는 것이겠지만) 질문들을 해왔다. '어디서?' '어디로?'인데 이것은 결국 "나는 어디에서 와서 어디로 가게 되는가?"라는 근원적인 질문이다. 어떤 설명으로도 움직일 수 없는 진리는 누구도 우리가 어디로부터 왔으며 사후에는 어디로 갈 것인지를 전에도, 지금도 알지 못한다는 사실이다.

이전 세대가 다음 세대에게 행하는 전승법 가운데 가장 인상적인 것은 색채를 이용하거나 감정에 호소하는 수단을 강구하는 경우이다.

삶에서 고군분투라는 것은 단점이라기보다는 장점으로 작용을 한다. 삶에서의 여러 자질들을 길러주기 때문이다. 많은 사람들이 어린시절에 이러한 생존경쟁에 처해진 까닭으로 세상의 중심에 자리를 잡게 되었다.

어렸을 때 일을 해야 하는 것보다 더 나쁜 일이 있다. 그것은 강요된 게으름이다. 일을 하게끔 유도되고 최선을 다하도록 강요됨으로써 인내와 자제력을 배우고 더 나아가 강력한 의지와 함께 게으름뱅이는 도저히 알 수 없는 수백 가지 미덕을 배우게 된다.

인간의 마음은 건전지와 같다. 양성을 띨 수도 있고 음성을 띨 수도 있다. 자기 확신은 마음이 재충전되고 양성의 기운을 나타내는 특성이 있다.

자신에 대한 확신이 없는 사람에게 사람들은 주의를 기울이려 하지 않는다. 그의 마음에는 남을 끌어들이기보다 거부하는 부정적인 힘이 있기 때문에 타인을 끌어당기지 못하는 것이다.

인간의 마음은 개화하는 꽃잎과 같이 그 최대치에 도달할 때까지 끊임없이 펼쳐진다. 그 최대치가 얼마이고 어느 지점에서 멈추고 과연 끝이 있기는 한 것인지는 알 수 없지만, 이해의 폭이 넓어지는 정도는 개인의 특성과 그의 마음에 어떠한 사고를 지니고 있는가에 따라 달라진다.

어떠한 습관이든 그것이 좋든, 나쁘든 사고와 행위의 반복을 통해서 형성되면 인간의 마음은 마치 축음기의 바늘이 LP판의 홈을 따라 도는 것처럼 그 습관에 밀착하여 뒤따르는 성향을 지니고 있다.

자기 확신의 공식을 적어놓고 이를 반복하는 것은 자기 자신이 믿는 것을 지배적인 사고로 형성해 그 사고가 습관의 원리를 통해 무의식에 충분히 심겨지게 하기 위한 것이다.

습관의 원리로 근육을 움직일 수 있는 것처럼 마음의 능력도 장악하게끔 할 수 있다. 자신에게 끊임없이 반복하는 진술을 통해, 혹은 어떤 욕구를 마음에 품고 계속 생각하면, 그것은 결국 육체적인 표현으로 나타날 것이다.

자기 확신이 있다면 주위 사람들이 이를 먼저 발견할 것이다. 그들이 이를 발견하도록 하라. 그들은 이를 알아챈 자신의 눈썰미와 예민함에 뿌듯함을 느낄 것이고 여러분은 자만의 의혹으로부터 자유롭게 된다. 자만으로 가득 찬 사람에게는 모욕과 비방만이 따를 뿐 기회가 오지는 않는다.

자기 확신은 지식의 소산이다. 자신을 알아야 한다. 얼마만큼 아는지 왜 그것을 알고 있으며 이를 어떻게 이용할 것인지도 알아야 한다. 허풍쟁이는 자신이 실제로 아는 것보다 더 많이 아는 체를 하여 실패한다. 자화자찬이나 호들갑이 아닌 행동으로써만 자기 확신에 찬 자신을 드러내야 할 것이다.

4장

상상력을 통한
새로운 결합

⧗ 상상력의 원리, 텔레파시(Telepathy)

상상력은 과거의 낡은 사고와 기존의 사실들을 새롭게 조합하여 새로운 조립품 내지는 새로운 사용처를 만들어내는 능력을 의미한다. 그러므로 상상이 현실화되기 위해서는 우선 생각이 있어야 하고, 그 다음 그 생각을 조직하여 아이디어와 계획으로 바꾸어야 하며 마지막으로 이러한 계획을 실현시키는 것이다.

인간의 그 어떤 성취도 상상력(想像力)으로부터 시작되는 것이다. 그러므로 자신이 원하는 자질들을 스스로의 상상 속에서 그려본 후 이를 획득한 자신의 모습을 그려보지 않는다면 인생의 명확한 목표도, 자기 확신도, 솔선수범과 리더십도 있을 수가 없는 것이다.

사전에서는 상상력을 다음과 같이 정의하고 있다.

"지식과 사고를 새롭고 독창적인 체계로 만들어내는 두뇌 행위, 건설적이고 창조적인 능력으로 시적인 것, 예술적인 것, 철학적인 것, 과학적이고 윤리적인 모든 상상력을 포함한다."

"마음에 심상(心像)을 만들어내는 힘이자 내면의 이미지로써 의미 있는 그림의 형태 혹은 기억이나 이미지. 이것은 특히 오감(五感)이나 수리적 추론에 관련된 사고의 정신적 재현 등으로 과거 경험에서 기억된 사실들로부터 때로는 비합리적이거나 비정상적인 수정을 가하여 재생산되거나 조립하는 것."

　흔히 상상력은 영혼의 창조적인 능력으로 일컬어지고 있지만, 이러한 추상적인 정의로는 (물질적이고 금전적인) 부를 획득하는 수단으로써 이 책을 접하는 이들에게는 이론적이고 다소 거리감이 느껴지는 정의일 뿐이다.

　만일 이 책의 앞 장들에서 제시한 법칙들을 터득하고 철저하게 이해하였다면, 상상력을 통하여 자신의 명확한 중점 목표가 확립되고 통합된다는 사실을 알게 되었을 것이다.

　자기 확신과 솔선수범, 그리고 리더십 또한 실제로 실현되기 전에 자기 암시의 원리의 적용을 통해 길러진다고 보면 그것들도 이미 상상력의 도움 속에서 창조된다는 것을 알 수 있을 것이다.

　상상력은 개념과 아이디어, 그리고 사실들을 관찰하고 통합하여 새로운 계획을 창조할 수 있다. 그래서 상상력은 해석적인 측면과 창조적인 측면을 아울러 지니고 있다.

　해석적인 속성에서 상상력을 살펴보면, 소리의 진동을 받아들이는 라디오의 원리와 같이 상상은 외부에서 발생된 사고의 파장과 진동을 받아들이는 속성을 지니고 있다. 이런 이유로 상상력의 해석적인 원리를 텔레파시(Telepathy)라고 부른다.

　이는 심리학에서는 '정신감응(精神感應)'이라고도 하는데, 공간과 거리에 상관없이 어떠한 물리적이거나 기계도구의 도움 없이도 한 사람의 생각이 다른 사람의 생각과 소통하는 것을 가리킨다.

상상력을 효과적으로 사용하기 위해서 텔레파시의 속성은 매우 중요한 내용이다. 그것은 이러한 상상의 텔레파시 효과로 인해 사고의 파장과 진동을 끊임없이 수집할 수 있기 때문이다. 어떤 의견이나 결심이 논리나 추론의 과정을 거치지 않고 '퍼뜩 떠오른' 생각이 되는 것도 대개 상상 속에 저장된 사고의 파장에 따른 현상이다.

라디오 장치의 개발로 우리는 에테르가 분명히 존재하며 모든 소리의 파동이 빛의 속도로 공간을 계속해서 날아다니고 있다는 사실을 알게 되었다.

우리가 라디오 원리를 이해하는 것처럼 텔레파시의 원리도 마찬가지로 이해될 수 있다.

텔레파시의 원리는 심리학적 연구를 통해 이미 널리 알려져 있어 이를 증명할 여러 사례를 쉽게 발견할 수 있다. 예를 들어 아무런 도구의 도움 없이도 멀리 떨어진 사람들이 마음의 파동을 맞추고 조화를 이루어 서로 메시지를 주고받는 경우가 있다.

사실 그처럼 서로의 주파수를 맞추고 생각을 교환한다는 것이 쉬운 일은 아니겠지만, 구체적인 어떤 사고들이 떠오르곤 한다는 사실에 대해서는 이미 충분한 증거가 있다.

160

자신이 절대적인 통제권을 지닌 것

이 책에서 설명하고 있는 성공의 법칙들이 얼마나 긴밀하게 연결되어 있는지 보려면, 자기 자신과 자신이 판매하려는 제품에 확신이 부족한 세일즈맨이 잠재적인 구매자에게 다가가는 경우에 어떤 일이 발생하지를 보면 알 수 있을 것이다.

구매자가 의식하고 있든, 아니든 구매자는 상상력을 발동하여 세일즈맨에게 자신감이 없다는 것을 '감지' 하게 된다. 세일즈맨의 생각 자체가 자신의 노력을 허사로 돌리고 있는 것이다. 이는 성공을 이루는 요소 가운데 어째서 자기 확신이 중요한 부분을 차지하는지 또 다른 각도에서 설명해주고 있다.

유유상종의 원인이 되는 텔레파시 원리와 흡인 원리로 그토록 많은 사람들이 실패하는 이유가 설명될 수 있다.

만약 자기의 지배적인 사고와 일치하는 사고의 진동을 에테르에서 끌어들인다면 – 실패를 초래하고 – 자신감을 약화시키는 부정적인 사고방식이 성공의 사고가 지배적인 긍정적인 사람을 끌어들이지 못하는 이유도 쉽게 이해할 수 있다.

인간 심리가 어떻게 기능하는지에 대해 연구해보지 않은 사람에게는 아마도 이러한 설명이 추상적으로 들릴 수도 있겠지만, 상상력이라는 주제를 이해하고 실제적인 응용을 할 수 있도록 하기 위해 설명이 필요하다.

일반적으로 상상력은 소설을 쓰는 데에나 동원되는, 설명할 수 없고 불명확한 그 무엇으로 간주되고 있다. 상상력에 대한 이러한 통념에 새로운 이해를 가하기 위해 이 책에서는 다소 이론적인 보충을 해두었다.

상상력은 이 책에서 가장 중요한 요소일 뿐 아니라, 여러분의 명확한 중점 목표의 달성에 상상력이 담당하는 영향력을 인식하게 될 때 가장 유익한 요소가 될 것임을 알게 될 것이다.

이 세상에 존재하는 것 중에서 자신이 절대적인 통제권을 지닌 유일한 것이 상상력이라는 점을 안다면 그것이 얼마나 중요한 것인지 알 것이다. 가령 어떤 사람들이 당신의 물질적 부를 앗아가고 수천 번을 속일 수는 있지만, 그 누구도 당신의 상상력을 사용하고 조절할 능력을 빼앗아 갈 수는 없다.

사람들이 당신을 불공정하게 대하고 자유를 박탈할 수는 있을지언정 당신이 원하는 대로 상상력을 이용할 특권마저 박탈할 수는 없는 것이다.

오늘날 세계가 겪고 있는 문제점들도 모두 상상력의 힘을 이해하지 못하는 데에서 비롯된 것이다. 상상력을 제대로만 이해하고 적용했다면 지구상의 빈곤과 재난, 불공정성, 그리고 온갖 박해를 불식하는 작업을 한 세대만에도 이뤄낼 수 있었을 것이다.

여러분은 '군중심리' 라는 것에 대해 들어보았을 것이다. 이것 또한 텔레파시의 원리를 통하여 한 사람의 마음에 있는 강력하고 지배적인 사고가 다른 사람의 마음에 접수된 것에 다름 아니다. 군중심리 효과는 그 어느 것보다 강력하다.

가령 길거리에서 두 사람이 싸우기 시작한다. 그들이 왜 싸우는지, 누구하고 싸우는지도 모르면서 방관하던 사람들이 어느새 한쪽 편을 들면서 싸움에 말려드는 것을 보면 알 수 있다.

텔레파시의 원리를 좀더 알아보기 위해 사업이나 경영에서 조화로운 업무관계를 형성하기도 하고 훼손하기도 하는 요인들을 살펴보자. 아마 여러분은 불평을 지닌 자가 있을 때 그와 접촉하는 사람들에게 부정적인 영향을 끼친다는 사실에는 동의할 것이다. 작업환경에 그러한 사람이 있으면 전 조직에 악영향을 미친다는 것도 잘 알려진 사실이다.

결국 조직 내에 이러한 불평분자가 있으면 노동자도 고용주도 이를 견딜 수 없게 된다. 그의 마음이 다른 사람에 영향을 미쳐 불신과 의혹, 그리고 조화의 결여를 초래하기 때문이다. 결국 이러한 불평분자는 독사보다 더 혐오스러운 것으로 평가받는다.

다음은 이와 같은 원리를 다르게 적용해 보자.

일단의 근로자들 사이에 긍정적이고 낙관적인 성격을 가진 사람을 투여하면 그의 성격은 같이 일하는 사람들에게 긍정적이고 낙관적인 영향을 미치게 된다.

에머슨의 말처럼 모든 기업이 결국 '한 사람에게서 확장된 것'이라고 한다면, 쾌활하고 자신감에 넘치며 낙관주의와 조화의 정신을 지닌 사람은 결국 조직의 모든 사람에게 영향을 끼치게 될 것이다.

상상의 해석적인 속성과 창조적인 속성

성공을 이루기 위한 상상력의 적용을 살펴보는 다음 단계로 넘어가기 전에 이 상상력을 이용하여 물질적인 부를 축적하는 데 성공한 최근의 실례들을 살펴보도록 하자.

먼저 알아두어야 할 것은 '세상에 100% 새로운 것은 없다'는 점을 인정해야 한다는 것이다. 인생은 거대한 만화경같아서 여러 가지 사실과 재료가 변화하면서 흘러가고 있으며, 인간이 할 수 있는 것은 이러한 사실과 재료들을 택하여 새롭게 조합하는 것에 불과하다.

이러한 과정에 이용되는 것이 바로 상상력인 것이다.

상상에는 해석적인 속성과 창조적인 속성이 있다고 밝힌 바 있다. 결국 상상력은 외부의 인상과 아이디어를 받아들이고, 이를 새로운 조합으로 형성할 수 있는 기능을 가지고 있는 것이다.

근대 경영의 혁신적인 성취에 상상력의 힘이 이용된 첫 번째 예로 클라렌스 산더스(Clarence Saunders)를 꼽을 수 있다. 그는 식료품 가게에 셀프서비스 형식을 최초로 도입하여 '피글리 위글리(Piggly Wiggly)'라는 체인을 조직한 사람이다.

산더스는 남부의 영세한 소매점에서 일하는 점원이었다. 어느 날 그는 야채를 사고자 양손에 접시를 들고 식료품 가게 앞에 줄을 서서 기다리고 있었다. 당시 그는 일주일에 20달러 정도의 수입이 고작이었고, 아무도 그의 능력에 주의를 기울이는 사람이 없었다.

그러나 그때 사람들 틈에 서서 기다리는 동안 그의 마음속에 무엇인가가 일어나 상상력이 발동되었다. 이 상상력으로 그는 '셀프서비스' 식품점을 착안하게 되었고(이미 있었던 사고를 새롭게 사용하였을 뿐, 그가 새로 창조한 것은 아무것도 없었지만) 곧 그 아이디어를 적용한 식품점을 내었다.

이전까지만 해도 모든 식료품 가게에는 계산대가 있고, 점원이 그 계산대 안쪽에 서서 뒤에 있는 선반으로부터 줄 서 있는 손님들의 주문에 따라 일일이 꺼내주는 시스템이었다.

곧 피글리 위글리라는 특이한 이름의 체인점이 만들어졌고, 한 주에 고작 20달러를 벌던 산더스는 미국 식료품 체인점의 선봉자가 되어 백만장자의 대열에 들어서게 되었다.

앞의 예를 보고 여러분도 무엇인가를 해낼 수 있을 것 같지 않은가!

앞의 예를 면밀히 분석, 평가해보면 산더스는 매우 명확한 목표를 지니고 있었다는 사실이 발견된다. 그는 자신의 계획을 넘치는 자기 확신으로 뒷받침하여 자진하여 이를 실현시키게 되었다. 그의 상상력은 바로 명확한 목표, 뚜렷한 자기 확신, 그리고 솔선수범의 세 가지 요소와 어우러져 결국 피글리 위글리 체인점의 첫발을 디디게 한 결과로 작용하였다.

이로써 상상력으로부터 출발한 그의 아이디어는 현실화되었다.

나이 40세에 - 많은 사람들이 새로운 일을 시작하기엔 너무 늦었다고 생각하는 나이에 - 제임스 힐(James J. Hill)은 아직 월급 30달러를 받으며 전신 업무를 하고 있었다. 그에겐 돈도, 돈을 가진 유력한 친구도 없었지만 이보다 강력한 것을 가지고 있었다. 상상력이 그것이다.

그의 심안(心眼)에는 미개발지인 북서부 지역을 관통하고 대서양과 태평양을 아우르는 철도가 보였다. 그의 상상은 너무도 생생하여 주위 사람들에게 이러한 철도 시스템이 가져다 줄 이득에 대해 얘기하였다. 그 다음 얘기는 우리가 어렸을 때부터 익숙히 접한 너무 유명한 일화이므로 생략한다.

대신 나는 대부분 사람들이 간과하고 있는 부분을 강조하고자 한다. 그의 위대한 북부철도 시스템은 그의 상상 속에서 이미 현실이었다는 사실이다. 그의 철로는 여타 모든 철로가 그러한 것처럼 강철과 목재로 지어졌고, 다른 철도가 그런 것처럼 건설을 위해 자금이 동원되었다.

그러나 우리가 제임스 힐의 성공의 진면목에 대해 알고자 한다면, 그가 소 지방도시에서 월급 30달러를 받으며 일을 하고 있었던 그곳으로부터 작은 실마리를 찾아야 한다. 이러한 거대한 철로를 건설하기까지 그의 상상 속에 있었던 미미한 실마리는 현실보다 더욱 생생한 업적을 이룰 수 있었다.

영혼, 즉 정신의 작업장인 상상력의 힘은 무한하다. 그 작업장에서 사고라는 자료는 철도와 고층 빌딩, 공장과 모든 종류의 물질적인 부로 짜여지게 된다.

뉴욕시의 브루클린교가 세워져 있는 곳의 동쪽 끝에 한 노인이 구두수선점을 운영하고 있었다. 이곳에 건축업자가 와서 거대한 철 구조물을 위해 땅을 측량하고 토대를 쌓을 곳을 표시할 때 그는 고개를 절레절레

흔들며 '불가능한 일이야!' 하며 중얼거렸다.

그러나 이제 그는 자신의 낡고 작은 구두수선점에서 밖을 바라보면서 고개를 흔들며 자문한다.

'도대체 어떻게 할 수 있었지?'

그는 바로 눈앞에서 다리가 들어서는 것을 보았으면서도 자신이 보고 있는 것을 분석할 상상력조차 갖추고 있지 않았던 것이다. 이 다리를 계획한 건축가는 교각의 기반을 조성하기 위해 첫 번째 삽질을 하기 훨씬 전에 이미 완성된 다리를 현실로 보았다.

그는 상상 속에서 오래된 아이디어들을 새롭게 조합했기 때문에 상상 속의 다리를 현실화할 수 있었다.

⧗ 상상력을 응용, 아이디어를 현실화

상상력이 여러분의 영혼을 비치는 거울이라면 여러분은 자신이 원하는 모습대로 자기 자신을 비춰볼 권리가 있다. 당신의 소원을 그대로 비춰주는 마법의 거울을 보며 갖고 싶은 집과 운영하고 싶은 공장과 경영자가 되고 싶은 은행, 그리고 인생에서 원하는 지위를 비춰볼 권리를 가진다. 당신의 상상력은 당신에게 속한 것이다! 이를 사용하라! 상상력은 쓰면 쓸수록 더욱 효과적으로 당신을 위해 봉사할 것이다.

상상력을 응용하여 실제로 어떤 아이디어를 현실화한 사람들이 많다.

그들은 대개 높은 지위와 거대한 부를 쌓은 사람들인데, 이 장의 첫머리에서 언급되었던 상상력의 원칙을 잘 응용하고 있음을 알 수 있다.

그 중에서도 기존의 사고를 새롭게 결합시키는 일은 상상력을 가지고 해낼 수 있는 가장 효용성이 크고 성취감 있는 일일 것이다. 그럼 지금부터 상상력을 실제로 어떻게 응용하는지 예를 보자.

토머스 에디슨이 백열전구를 발견하게 된 것도 사실 이미 잘 알려진 두 가지 법칙을 잘 결합하여 새롭게 조합한 결과이다. 에디슨뿐 아니라 전기에 대해 지식을 가지고 있었던 모든 사람들은 전기로 전선에 열을 발생시켜 빛을 낼 수 있다는 것은 진작부터 알고 있었다.

다만 전선이 열로부터 타버려서 끊어지지 않게 하는 것이 관건이었다. 그는 빛을 낼 때까지 끊어지지 않고 막대한 열을 견딜 수 있는 소재를 발견하기 위해 가능한 모든 전선을 구해 실험하였다.

이러한 시도로 그의 발명은 반은 성공한 것이지만, 또 다른 사실을 적용하지 못하면 아무런 가치가 없었다. 수천 번의 실험과 기존 지식을 상상 속에서 결합하여 에디슨은 나머지 반쪽을 찾아낼 수 있었다. 물리 지식으로 보면 산소가 없으면 어떤 물질도 연소하지 못한다는 – 다른 학생들도 마찬가지로 배웠던 것인데 – 사실이었다.

그는 전선이 빛을 내는 데 핵심적인 관건은 바로 열을 조절하는 수단이 없었기 때문이라는 것을 잘 알고 있었다. 산소가 없으면 연소가 없다는 사실을 떠올리게 되자 그는 전선을 유리전구에 넣고 산소의 공급을 막았다. 그랬더니! 위대한 백열전구가 탄생하게 된 것이다.

햇빛이 사라지고 주위에 서서히 어둠이 깔리면 여러분은 벽에 있는 스위치를 눌러 다시 빛을 불러들일 것이다. 몇 세대 전만 해도 이러한 일은 상상만으로도 신비스러운 일이지만 지금은 이러한 행동에 신비함을 느끼지 못할 것이다.

이미 알려진 두 개의 원리를 이용한 에디슨의 상상력 덕분으로 오늘날 우리가 그 혜택을 보고 있다.

앤드류 카네기를 잘 아는 사람 가운데 그가 범상한 능력을 지녔다거나 천재적인 재주를 지녔다는 것에는 동의하지 않더라도 그가 목적하는 바를 이루기 위해 조화의 정신으로 협력할 수 있는 사람들을 선발하는 능력만큼은 뛰어나다는 점은 누구나 인정한다.

그가 엄청난 부를 축적하는 데 이러한 능력 말고 더 이상의 어떤 자질이 필요했을까?

카네기처럼 조직화된 노력의 원리를 이해하는 사람이라면, 그리고 주어진 업무를 수행하는 데 꼭 필요한 사람들을 선발할 안목을 가지고 있는 사람이라면 카네기가 이룬 모든 것을 똑같이 이뤄낼 수 있을 것이다.

카네기는 상상력이 풍부한 사람이었다. 그는 우선 명확한 목표를 설정하고 이를 실현시킬 능력을 갖추고 있으며 훈련된 사람들을 주위에 두었다. 명확한 목표달성을 위해 필요한 계획을 항상 카네기 자신이 세운 것도 아니다.

그는 자신이 원하는 것을 확실히 하고 이를 획득하기 위한 계획을 세워줄 사람을 찾았다. 이러한 능력은 단순히 상상력이라기보다 고도로 조직된 천재적인 능력이라고 해야 할 것이다.

그러나 카네기와 같은 사람만이 상상력을 이용할 수 있는 것은 아니라는 점을 알아야 할 것이다. 이 위대한 힘은 사업에서 이미 '기반을 잡은' 사람뿐 아니라 초보자에게도 유용하다.

여느 날과 같이 찰스 슈왑(Charles M. Schwab)의 전용차가 베들레헴 제철회사에 주차를 하고 있었다. 마침 그때 그가 내리는 것을 기다려 젊은 속기사가 다가와 혹시 슈왑 씨가 쓰고 싶은 편지나 전문이 있으면 자기가 확실하고 정확하게 써주겠다고 제안하였다.

누구도 젊은이에게 시키지 않았지만, 그는 상상 속에서 이렇게 함으로써 승진의 기회가 있다는 것을 보았다.

그날 이후 이 젊은이는 승진자의 명단에 오르게 되었다. 이 속기사는 베들레헴 제철회사에 고용된 다른 속기사도 할 수 있었지만, 하지 않았던 일을 했다는 바로 그 이유로 슈왑은 그를 승진을 위해 특별히 점찍어 두었던 것이다.

후에 그 젊은이는 세계에서 가장 큰 제약회사의 대표가 되었으며, 그가 원하는 것을 다 가지고도 남을 만큼의 부를 축적하게 되었다.

노력과 상상력이 결합될 때의 성취 가능성

몇 년 전에 나는 이제 막 대학을 졸업한 한 젊은이로부터 편지 한 통을 받았다. 그가 나의 사무실에 취직하고 싶다는 요지의 편지였다. 그는 편지봉투에 한번도 접히지 않은 **빳빳한** 10달러 지폐를 동봉하며 다음과 같이 썼다.

"저는 명문대에서 경영과정을 마쳤습니다. 저는 선생님과 같은 분의 지도 아래 일하게 되는 것은 이제 막 직업전선에 뛰어드는 젊은이에게 커다란 특권이라고 생각하여 귀사에 입사하기를 희망합니다.

저를 고용하고 처음 일주일간 지도하시는 데 동봉한 액수가 보상이 된다고 하신다면 이를 받아들여 주시기를 바랍니다. 저는 처음 한 달간 보수 없이 일할 것이며, 한 달이 지난 후에 제 가치가 어떻게 평가되든지 간에 그 판단에 따라 급료를 정해주시기 바랍니다.

저는 인생에 그 어떤 것보다 지금 이 기회를 간절히 원하며, 이를 위해서 어떠한 희생도 기꺼이 감수하고자 합니다. 감사합니다. 안녕히 계십시오."

나는 이 젊은이를 고용하였다. 상상력의 힘으로 그는 자신이 원했던 기회를 얻게 되었으며 첫 달이 지나기 전에, 그에 대해서 얘기를 듣게 된 생명보험 사장이 거액의 연봉으로 그를 개인비서로 고용하였다. 지금 그는 세계 최대 규모의 보험회사에서 중역이 되어 있다.

토머스 에디슨에게 자신을 고용해 달라고 편지를 보낸 젊은이가 있었다. 어떤 이유에서인지 에디슨은 이 젊은이의 편지에 답장을 주지 않았다. 그럼에도 불구하고 그는 전혀 낙담하지 않았고 반드시 에디슨으로부터 응답을 얻어야겠다고 마음먹었으며, 더 중요한 것은 그가 원하는 일자리를 실제로 얻게 되었다는 것이다.

당시 그는 에디슨의 회사가 위치한 뉴저지주(州) 웨스트 오렌지시(市)에서 상당히 떨어진 곳에 위치해 있었다. 그리고 이 젊은이에겐 기차표를 끊을 여비조차 없었다. 그러나 그는 상상력의 힘을 지니고 있었다. 그는 화물차에 몸을 싣고 웨스트 오렌지시에 가서 면접을 보았고 자신의 이야기를 하였다.

결국 그는 자신이 원하던 일을 갖게 되었다.

현재 그는 플로리다주 브래든 타운에 살고 있다. 써도 써도 남을 만큼의 돈을 모으고 왕성했던 경영활동의 일선에서 물러나 삶을 즐기게 되었다. 혹시 그의 이름을 알고 싶어할 것 같아 여기에 밝힌다. 그가 바로 그 유명한 에드윈 반스(Edwin C. Barnes)이다.

상상 속에서 그는 에디슨과 같이 성공한 사람과 가까이서 일하게 되면 얻을 수 있는 이점들을 생각하였다. 이런 기회를 통해서 에디슨을 살펴볼 기회를 얻을 수 있을 뿐 아니라, 세상에서 가장 영향력이 있는 에디슨의 친구들과도 접촉할 기회를 가질 수 있다고 판단했던 것이다.

앞의 경우는 모두 그들의 상상력을 실제로 응용하여 높은 지위와 거대한 부를 쌓은 사람들의 사례이다.

시어도어 루스벨트 대통령은 미국 대통령 재임기간에 이룬 단 하나의 업적으로 역사에 길이 남게 될 것이다. 설령 그의 업적이 모두 잊혀진다 해도 이것만은 잊혀지지 않을 것이며 그는 탁월한 상상력의 소유자로 기록될 것이다.

바로 파나마 운하 건설이다!

워싱턴 대통령에서 루스벨트에 이르기까지 모든 대통령들도 사실 운하 사업을 시작할 수 있었고 완수할 수도 있었다. 그러나 그것은 단지 상상 속에서만이 아니라 이를 감행할 용기도 필요한 만만찮은 대역사로 보여 선뜻 착수할 수가 없었던 것이다.

한 교육기관에서 전기의 발달을 토대로 실험을 거듭한 결과 인공 '햇빛'으로 작물을 재웠다가 다시 깨우는 법을 발견했다. 이 발견으로 태양이 없이도 채소와 화훼를 자라게 할 수 있게 되었다. 몇 년이 지나자 도시 주민들은 흙더미와 전기 불빛으로 베란다에 야채를 기를 수 있었고 일년 내내 새로운 야채를 계속해서 먹을 수 있었다.

이 발견과 약간의 상상력, 그리고 루터 버뱅크(Luther Burbank)가 원예 분야에서 발견한 업적에 힘입어 주민들은 베란다에 야채를 심어 연중 싱싱한 야채를 먹을 수 있게 되었다. 뿐만 아니라 야외의 일광 아래서 자란 야채보다 더욱 큰 야채를 수확할 수 있게 되었다.

캘리포니아 해변에 있는 한 도시에는 건물부지로 적합한 땅은 모두 개발되었다. 다행히 도시 주변부에 가파른 언덕이 있었는데 경사가 심해 건물을 올릴 수가 없었다. 그리고 언덕 저편으로는 지대가 낮아 하루에 한 번씩 물의 역류현상이 일어 이 또한 개발에 적합하지 않았다.

어느 날 이 도시에 상상력이 풍부한 한 젊은이가 찾아왔다. 상상력이 뛰어난 사람은 사물을 예의 주시하는 경향이 있는데 그도 예외가 아니었다. 도착 첫날 그는 그곳에서 부동산으로 돈을 벌 수 있는 가능성을 보았다.

그는 가파른 경사 때문에 건축부지로 부적절한 언덕을 싸게 사들일 수 있었고, 매일 역류하는 물에 잠기는 땅도 저렴한 값에 사들일 수 있었다. 이것은 부가가치가 없다고 판단되었기 때문에 헐값에 사들일 수 있었던 것이다.

수차례에 걸친 폭파를 통해 그는 경사진 언덕을 없애고 트랙터와 땅을 고르는 기계로 고도를 낮춰 훌륭한 건축부지로 만들었고, 남아도는 흙으로는 고도가 낮은 땅을 채워 해수면보다 높이 끌어올려 이 또한 훌륭한 건축부지로 만들었다. 이로써 그는 많은 돈을 벌어들일 수 있었다.

도대체 어떻게 이것이 가능했을까?

바로 불필요한 곳에 있는 흙더미를 필요한 곳으로 옮겼으며 그 쓸모없는 흙더미들을 상상력과 결합시켜 가능하게 하였다! 그래서 이 도시의 모든 사람들은 그를 천재라고 불렀다.

그가 정말 천재인지 아닌지는 모른다. 다만 다른 사람들도 그가 사용한 것처럼 상상력을 사용했다면 그들 역시 성공할 수 있었으며, 천재가 될 수 있었다는 점은 분명하다.

상상력과 기존의 사고를 결합시키는 것

화학반응에서는 두 가지 이상의 화학 원소를 적절한 비율로 혼합해주면 결합 이전에는 발생하지 않았던 엄청난 에너지가 발생한다. 또 어떤 화학 성분들은 일정 비율로 섞으면 이전과는 전혀 다른 속성을 지니게 되는 경우가 있다. 수소와 산소의 결합으로 물을 만드는 것이 그 예이다.

다양한 물리적인 요소들을 결합하여 더 큰 가치를 발생시키거나 그 산물이 본래의 구성요소와는 완전히 다른 물질이 되는 예는 화학반응이 아닌 다른 분야에서도 많이 발견할 수 있다.

아무 짝에도 쓸모없는 흙더미를 날려버리고 남아도는 흙더미를 이것이 필요한 저지대에 채워놓아 이전의 흙더미에서는 가지지 못했던 가치를 부여한 것도 이에 해당하는 것이다.

무쇠로 불리는 선철은 별 가치가 없다. 그러나 여기에 탄소, 실리콘, 망간, 인 등을 정해진 비율로 섞으면 더 유용한 철이 된다. 이에 다른 성분을 적절한 비율로 섞고 숙련된 노동력을 가하면 이 쇠는 바로 시계의 용수철로 둔갑하게 되며 경제적 효용가치를 지니게 된다.

이런 모든 변형 과정에서 가장 중요한 것은 물질적 형태를 보유하지 않은 것이다. 그것은 바로 상상력이다!

벽돌과 목재, 못, 그리고 유리가 산더미처럼 쌓여 있다고 치자. 그 자체로는 무용지물일 뿐 아니라 눈에 거슬리기까지 한다. 그러나 이를 건축가의 상상력과 약간의 숙련된 노동을 결합하면 그것은 임금님도 부럽지 않은 아름다운 저택이 탄생하게 된다.

나의 사무실 길 건너편에 작은 인쇄소가 있는데, 그곳의 주인과 조수는 근근이 생계를 이어갈 만큼만 수입을 올리고 있을 뿐이다. 이곳으로부터 약 12블록도 안 되는 곳에 이 세상에서 가장 현대적인 인쇄공장이 있다.

그곳 사장은 대부분의 시간을 여행하는 데 보내고 있으며 한평생 쓰고도 남을 부를 축적하였다. 22년 전만 해도 이 두 인쇄업자는 동업관계에 있었다.

규모가 큰 인쇄소의 주인은 인쇄업에 상상력을 결합시킨 사람이다. 독창적인 상상력의 소유자인 그는 광고 카피라이터 업무를 인쇄업에 접목시켰다. 그는 인쇄를 의뢰한 고객의 업종을 분석하고 이와 관련해 광고주에게 고객이 몰릴 수 있을 만한 광고 문구를 인쇄물에 새겨줌으로써 사업을 확장하였다.

다른 인쇄업체에서는 이를 모방하지 못할 정도였으며 인쇄 단가도 업계 최고 수준이었다. 그는 인쇄 공정에 상상력을 결합시킨 덕분으로 엄청난 돈을 벌게 되었던 것이다.

여러분은 앞에 인용한 예를 읽으면서 이미 이 원칙의 첫머리에서 언급되었던 내용을 기억해주기 바란다. 특히 자신의 상상력을 가지고 해낼 수 있는 가장 효용성이 크고 위대한 일은 기존의 사고를 새롭게 결합시키는 것이다.

만약 자신의 상상력을 적절히 이용하게 된다면 실패와 실수도 무한한 가치를 지닌 자산이 될 것이다. 상상력을 이용하는 사람만이 알 수 있는 진리를 종종 발견할 수 있을 것이다. 다시 말해 인생의 가장 커다란 불행과 고난도 종종 황금 같은 기회의 문을 열어주는 열쇠가 된다는 사실이다.

미국에서 가장 정교하면서 상품가치도 뛰어난 조각품을 만드는 조각가는 한때 우편배달부였다. 어느 날 그는 천만다행으로 – 결과적으로 – 교통사고를 당하였고, 이 사고로 다리 하나를 절단해야 했다. 그는 보상금으로 받은 5,000달러로 학교를 다녀 조각가가 되었다.

단지 두 손과 상상력의 산물인 그의 조각은 우편배달부로 일하면서 사지가 멀쩡할 때 벌어들인 돈보다 더 많은 가치를 지녔다. 그가 교통사고로 다리를 잃게 된 후 자신의 노력으로 다시 일어서야 했을 때 비로소 자신에게 상상의 능력이 있다는 것을 발견하게 되었던 것이다.

여러분도 이처럼 자신의 노력이 상상력과 결합될 때 성취할 수 있는 가능성이 얼마나 무한한지 모를 수 있다. 상상력의 뒷받침 없이 두 손의 수고로만 얻은 것은 단지 작은 이득밖에 안겨주지 않지만, 똑같은 손이라도 상상력을 통한다면 더 많은 부를 안겨주게 된다는 사실을 이 이야기는 보여주고 있다.

이렇게 상상력을 이용하여 이득을 보는 데에는 두 가지 방법이 있을 수 있다. 하나는 상상력을 스스로 개발하는 방법, 또 하나는 상상력을 가지고 있는 사람과 연계하는 방법이다.

카네기는 이 두 가지를 모두 해냈다. 그는 자신의 풍부한 상상력을 이용했을 뿐 아니라 이러한 능력을 지닌 인재들을 모았다. 자신의 명확한 목적 달성을 위해 다방면에 걸쳐 상상력이 개발된 전문가들이 필요했던 것이다.

카네기의 '마스터 마인드'를 구성한 사람들은 화학부문에 상상력을 지닌 사람, 재정부문에 상상력을 지닌 사람, 또 영업부문에서도 뛰어난 상상력을 지닌 사람도 있었다. 카네기의 세일즈맨 가운데 가장 뛰어났던 찰스 슈왑도 그 중 한 사람이었다.

만약 자신의 상상력이 불충분하다고 생각되면 이를 보충하기 위해 상상력이 풍부한 사람과 연대를 구축하여야 할 것이다. 이러한 연대는 여러 형태로 이루어질 수 있다. 예를 들어 결혼으로 맺어진 연대, 사업관계와 친구, 고용주와 고용인 간의 연대가 그것이다.

모든 사람이 고용주로서 최상의 능력을 발휘할 수 있는 것은 아니다. 만약 자신에게 이런 능력이 부족하다면 그런 능력을 지닌 상상력이 풍부한 사람들과 연대함으로써 이득을 볼 수 있다.

⧗ 상상력의 무한한 파워

모든 문제에는 이에 접근하는 수천, 수만의 방법이 있을 수 있지만 최상의 방법은 단 하나밖에 없다. 바로 이 최상의 방법을 발견하면 문제는 쉽게 풀리게 마련이다. 당신의 제품이 아무리 뛰어나다 해도 대부분 이를 판매하는 방법이 잘못되어 성공을 거두지 못한다. 상상력을 이용하면 알맞은 방법을 발견할 수 있을 것이다.

카네기는 다른 철강기업의 경영자보다 월등히 많은 수의 백만장자를 그의 직원 가운데에서 배출하였다. 그 중에서도 찰스 슈왑은 바로 카네기와 같은 사람과 연대를 하여 성공을 거둔 전형이라고 할 수 있다.

그러므로 직원으로 근무를 하는 것이 불명예스러운 일은 아닌 것이다. 오히려 고용인의 입장이 연합의 가장 유익한 면을 지니고 있음을 종종 볼 수 있다. 모든 사람이 다른 사람들을 지휘할 책임을 지기에 적합한 자질을 가진 것은 아니기 때문에 대다수는 이러한 연대로 최상의 이득을 얻을 수 있다.

아마도 세일즈 분야에서처럼 상상력이 중요한 일익을 담당하는 곳은 없을 것이다. 세일즈의 달인은 자신이 팔려는 상품의 장점을 상상 속에서 볼 줄 알아야 하며, 만일 이것이 안 되면 그는 업무를 제대로 수행할 수 없다.

판매의 기술에서 가장 중요한 요소는 상상력이다. 세일즈의 달인이란 언제나 상상력을 체계적으로 사용하는 사람을 일컫는 것이다. 뛰어난 세일즈맨은 그의 사업 번창을 위한 아이디어를 얻기 위해 상상력에 의존하고 있다.

누구나 생각할 수 있는 간단한 아이디어도 중요하다. 아이디어는 간단하지만 이의 실행을 위해선 상당한 상상력이 필요하기 때문이다. 아이디어가 간단하고 쉽게 채택될수록 그 가치가 크게 마련이다. 왜냐하면 복잡하고 지나치게 상세한 아이디어를 실행하려는 사람은 없기 때문이다.

몇 해 전에 전대미문의 중대한 거래가 이루어졌다. 그 품목은 물건이 아니고 오하이오 교도소에 수감되어 있던 죄수의 자유와 갱생 시스템의 개발이다. 이 프로젝트는 법을 위반하여 희망을 잃은 사람에게 일대 변화를 일으켜줄 시스템이었다.

이 거래를 예로 드는 것은 세일즈 영역에서 상상력이 얼마나 중대한 역할을 담당하는지 밝히기 위한 분석을 했기 때문이며, 설명하는 과정에서 불가피하게 개인적인 인용을 하는 데에 양해를 구하는 바이다.

강력하고 호소력을 지닌 협상력

오래 전 나는 오하이오 교도소에서 초청강연을 하였다. 내가 연단에 섰을 때 군중 가운데에서 10여 년 전만 해도 성공가도를 달리던 사업가를 보게 되었다. 그가 바로 내가 출감시켰던 B이다. 그의 출감에 관한 이야기가 한때 미국 모든 신문의 1면을 장식했던 바로 그 사람이다. 아마 미국 사람은 이를 기억하고 있을 것이다.

강연을 마치고서 나는 B와 면담을 하는 도중에 그가 문서위조 행위로 20년형을 선고받았다는 사실을 알게 되었다. 그의 얘기를 듣고 나서 나는 그에게 이렇게 말하였다.

"내가 당신을 60일 만에 이곳에서 꺼내주겠소!"

그는 씁쓸히 웃더니 이렇게 말했다.

"열의는 감사합니다만 당신의 판단에는 동의할 수 없군요. 이미 스무 명이 넘는 유력인사들이 나를 빼내려고 갖은 애를 다 썼지만 모두 실패했소. 불가능한 일이오."

나는 그의 바로 마지막 말 "불가능한 일이오"가 나에게 그를 꺼낼 수 있는 능력이 있는지 보이라고 도전하는 것처럼 느껴졌다. 나는 뉴욕으로 돌아왔고 그 즉시 그의 부인에게 짐을 꾸려 오하이오 교도소가 소재한 콜럼버스시에 거주할 것을 부탁하였다.

나는 내 마음속에는 명확한 목표를 설정한 것이다. 그 목표는 바로 B를 오하이오 교도소에서 출감시키는 것이었다.

나는 그의 석방을 염두에 두고 있었을 뿐 아니라 '전과'라는 낙인을 그의 가슴에서 지워버리고 동시에 그의 석방을 도와준 모든 이들의 영예도 유지할 수 있는 방법을 찾아내고자 하였다.

세일즈맨이 자신의 판매 능력에 의구심을 품게 되면 거래를 성사시킬 수 없기 때문에 나는 단 한번도 그의 석방이 불가능할 것이라 생각하지 않았다. 나는 B의 부인과 콜럼버스에 와서 총본부를 마련하였다.

다음날 나는 오하이오주의 주지사를 찾아가 본인의 방문 동기를 다음과 같이 밝혔다.

"주지사님! 저는 오하이오 교도소에 수감된 B의 석방을 요청하고자 이곳에 왔습니다. 저에게는 그의 석방을 요청할 만한 타당한 이유가 있으며, 주지사님께서 그를 당장에 석방해주시기를 희망합니다. 저는 그때가 언제가 될지라도 그가 석방하는 날까지 이곳에 머물 작정입니다.

B는 복역기간 중에 오하이오 교도소에서 통신교육 시스템을 창설하였습니다. 이에 대해선 주지사님도 이미 알고 있으리라 생각합니다. 이 교육으로 그는 오하이오 교도소에 수감된 2,518명의 죄수 가운데 1,729명에게 영향을 끼쳤습니다.

더군다나 교육에 필요한 교재와 교육도구를 스스로 조달하여 오하이오 주에는 동전 한 닢의 재정부담도 발생시키지 않았습니다.

교도관과 담당 목사의 증언에 따르면, 그는 복역기간 중 교도소의 규칙을 존중하고 이를 잘 지켜왔다고 합니다. 1,729명을 갱생하도록 영향을 미친 사람이 구제불능의 악인일 수는 없는 것이겠지요.

저는 다시 한번 B의 석방을 요청하는 바입니다. 저는 그를 죄수를 위한 교육기관 대표로 삼아 미국 전역의 교도소에 있는 16만 명의 수감자에게 동일한 영향을 미칠 수 있게 하고자 합니다.

이것이 저의 생각입니다만 주지사님께서 이에 대한 대답을 주시기 전에 말씀드리고 싶은 것은 저도 그를 석방하는 특단의 조치로 주지사님께서 반대 여론에 부닥칠 수 있다는 것도 잘 알고 있습니다. 주지사님이 다음 선거에도 출마하실 의향이 있으시다면 이에 따라 어느 정도 표를 잃게 될지도 모릅니다."

빅 도나헤이(Vic Donahey) 오하이오 주지사는 이 말을 듣고 주먹을 꽉 쥔 채 다음과 같이 말하였다.

"만일 그것이 B의 석방으로 당신이 하고자 하는 것이라면, 설령 5,000표를 잃게 되더라도 그를 석방하겠소. 그렇지만 이에 서명하기 전에 나는 교도관과 담당 목사로부터 추천서를 받아두어야겠소. 또 사면위원회의 추천서도 필요하오. 당신도 알다시피 주지사는 청문회의 의견에 따라야 하는데 이들이 그 회의의 대표자들이오."

이렇게 해서 거래가 성사된 것이다! 그리고 그 협상과정은 5분도 채 소요되지 않았다.

다음날 나는 오하이오 교도소의 담당 목사를 대동하고 담당 목사와 교도관, 사면위원회가 석방에 동의한다는 것을 통보하기 위해 주지사 사무실을 방문했다. 이로부터 3일 후에 마침내 B의 사면이 이루어졌고 그는 철창을 나와 자유의 몸이 되었다.

이와 같이 세부사항을 시시콜콜 밝힌 것은 이 거래를 성사하는 데 하등 어려움이 없었다는 것을 밝히고 싶어서이다. 내가 준비하기 전에 모든 제반사항은 이미 최적으로 갖추어져 있는 상황이었다.

바로 그 B가 이미 그러한 준비를 다 갖추어 놓았는데 수감 동안 1,729명의 죄수에게 베풀었던 선행과 서비스를 통해 닦아놓았던 것이다. 그가 세계 최초로 교도소 내 통신교육 시스템을 개발했을 때 이미 감옥 문을 여는 열쇠를 만들었던 것이다.

그렇다면 그의 석방을 위해 노력했던 그의 지인들은 어째서 실패하였을까? 그들은 바로 상상력의 힘을 사용하지 않았기 때문에 실패하였다!

그들은 아마 B의 부모님이 유력인사라느니 혹은 그가 다른 죄수와는 달리 고등교육을 받아 질이 다르다느니 하는 등의 이유를 들어 B의 석방을 요청하였을 것이다.

결국 그들은 오하이오 주지사에게 그를 사면하기에 충분한 동기를 유발시키지 못했음에 틀림없다. 그렇지 않았다면 내가 그의 석방을 요청하기 전에 진작 석방되었을 것이다.

내가 주지사를 방문하기 전, 나는 이미 상상 속에서 주지사의 사무실을 방문하여 어떻게 하면 가장 강력하고 호소력을 지닌 협상을 진행시킬 수 있을까를 그려보았던 것이다. 마치 실제로 그의 사무실에서 얘기하는 것처럼 상상해보고 발생 가능한 사항들을 체크하였던 것이다.

B의 사면을 요청하였을 때, 나는 미국 전역의 교도소에 수감된 16만 명의 개선의 여지가 있는 사람들이 그가 시작한 통신교육 시스템의 덕을 볼 수 있다고 주장하였다. 나는 그의 부모님을 들먹이지도, 그의 몇 년 지기 친구라는 등의 사실을 들먹이지도 않았다.

물론 그러한 것들도 그의 사면에 나름대로 타당한 이유가 될 수 있겠지만, 16만 명의 수감자가 받을 수 있는 혜택에 비해선 근거가 미약하게 느껴진다. 주지사가 결정을 내린 것은 단지 B만을 위한 것이 아니고 B가 출감되었을 때 16만 명에 달하는 수감자가 얻을 혜택에 확신이 있었기 때문이다.

그것이 바로 상상력으로 얻어진 결론이었다! 물론 그것은 세일즈맨십으로 볼 수도 있다!

출감이 이루어진 후, 1년여를 B의 출소를 위해 힘썼던 이가 찾아와 물었다.

"도대체 어떻게 하신 거죠?"

그 질문에 나는 다음과 같이 대답하였다.

"사실 이 일은 제가 지금까지 한 일 중에서 가장 쉬운 일이었는걸요. 제가 착수하기 전에 필요한 사항 중 대부분은 이미 갖춰진 상태였어요. 제가 한 것이 아니고 B가 스스로 한 것이나 다름없죠."

그는 얼떨떨한 표정으로 나를 쳐다보았다. 아마도 그는 내가 말하려는 바를 이해하지 못했던 것 같다. 사실상 정확한 각도에서 접근하기만 한다면 모든 난제도 의외로 쉽게 풀리기 마련인데도 말이다.

B의 출감을 가능하게 한 데에는 두 가지 중요한 요소가 있다.

첫 번째는 내가 떠맡기 전에 이미 그가 기반을 마련했다는 것이고, 두 번째는 오하이오 주지사를 만나기 전에 나에게는 B의 석방을 요구할 권리를 충분히 가지고 있다는 자신에 대한 확신이 가득 차 있었고, 이에 따라 B의 석방을 요구하는 데 어떤 어려움도 겪지 않으리라 믿었기 때문이다.

모든 인간은 이기적이다

제품을 판매하거나 서비스를 제공할 때 가장 적합한 방법을 찾는 것은 다음과 같은 인간 고유의 속성을 염두에 두면 좋을 것이다.

'인간은 당신의 이익을 위해 도움을 요청할 때보다 다른 사람의 이익을 위해 도움을 요청할 때 이를 잘 들어준다!'

앞 문장을 내가 오하이오 주지사에게 B의 석방을 위해 제시한 상황에 비추어 살펴보라. 나는 B를 위해서도 나를 위해서도 아닌 미국의 16만 명에 달하는 수감자를 위해 그의 석방을 요청하였다.

상상의 능력을 보유한 세일즈맨이라면 물건을 팔 때, 구매 의향자가 이 상품으로 얻을 혜택이 뚜렷한 것처럼 느끼도록 화술을 구사한다. 단지 세일즈맨을 돕기 위해 제품을 사려는 사람은 없을 것이다. 인간은 자신의 이익에 부합하는 것을 하게 마련이다. 이는 냉정한 사실이지만 또한 어쩔 수 없는 사실이기도 하다.

한마디로 말해 모든 인간은 이기적이다!

이러한 진리를 이해한다면 당신이 죄수를 교도소에서 꺼내려 하든, 물건을 팔려고 하든 어떤 경우라도 이에 접근하는 방법과 제시할 수 있는 요소를 알게 될 것이다.

상상 속에 미리, 어떻게 하면 구매자에게 강력하고 가장 솔깃하게 이익을 주는 것을 제시를 할 수 있는가를 그려보라. 그것이 상상력이다!

한 농부가 도시로 이사를 가게 되었는데 잘 훈련된 셰퍼드도 데려가려고 했다. 그러나 그는 개가 도시에는 별로 적합하지 않다는 것을 깨닫고 그 개를 '처리하기로' 결정하였다(인용부호 안의 표현에 주의해주기 바란다).

그는 개를 데리고 시골에 가서 농가 대문을 두드렸다. 안에서 다리를 절며 목발을 짚은 사람이 나왔다. 개 주인은 집에서 나온 이에게 인사를 하고 물었다.

"이 놈은 아주 훌륭하게 훈련된 셰퍼드입니다. 이 개를 처리하고 싶은데, 의향이 있으신지요?"

목발을 짚은 사람은 "아니오!" 라고 하고는 문을 닫았다.

개 주인은 대여섯 농가를 돌아다니며 똑같이 질문하였고 돌아오는 대답은 매번 같았다. 결국 개를 원하는 사람이 아무도 없다는 결론을 내리고 도시로 돌아왔다. 그날 밤 그는 상상력의 힘을 지닌 지인에게 이 일을 얘기하였다. 그 지인은 개 주인이 '개를 처리하려고' 노력했는데 이것이 수포로 돌아갔다는 얘기를 들은 것이다.

그 지인은 "내가 당신을 대신해 이 문제를 해결해보죠" 라고 제안했다. 그는 의지로 가득 차 다음날 아침 개를 데리고 개 주인이 바로 전날 방문했던 집 앞에 서서 문을 두드렸다. 똑같은 사람이 목발을 짚고 나왔다.

상상력을 지닌 그는 인사를 하고 이렇게 용건을 말하였다.

"류머티즘 때문에 다리를 저는 것 같군요. 제 생각엔 당신을 위해 자잘한 일을 해결해 줄 개가 필요할 듯싶은데요. 지금 보시는 이 개는 소와 양떼를 몰아 야생동물로부터 그 동물들을 보호하고 기타 쓸모 있는 재주도 많이 있습니다. 100달러에 팔려고 합니다."

"그럽시다. 그 개를 사도록 하죠!"

이렇게 해서 거래가 성사되었다.

이 또한 상상력의 힘으로 가능했다! 누구도 남이 '처리하려고 하는' 개에게 관심이 없는 것은 당연하다. 그러나 양떼를 지키고 소를 몰아오고 다른 재주도 갖고 있는 개라면 가지고 싶을 것이다.

그 개를 산 사람은 아이러니하게도 어제 거절했던 바로 그 다리를 저는 사람이었다. 달라진 것은 그 개를 '파는' 사람이었다. 만약 상상력을 지녔다면 누구도 다른 사람이 '처리하려고' 하는 것에는 관심이 없다는 것쯤은 알 것이다.

'흡인 이론' 에서 밝힌 '유유상종' 의 원리를 기억하기 바란다. 만약 실패하리라 생각하거나 실패한 사람처럼 행동하면 결국은 실패의 결과를 부르고 말 것이다. 인생의 목표가 무엇이든 간에 이를 성취하기 위해서는 상상력을 사용해야 한다.

나이아가라 폭포의 경우만 봐도 – 상상력이 풍부한 사람이 이를 이용, 에너지원으로 개발하여 산업 활동에 이용하기까지는 – 거대한 폭포에 불과했다. 상상력을 지닌 사람이 오기 전까지 수백만 명의 사람들이 이 폭포를 보고 갔지만, 그들에게는 그것을 이용할 상상력이 부족했다.

로터리 클럽(Rotary Club)이 존재하게 된 것도 잠재적 고객을 발굴하여 법률업무를 확장시키는 방법을 모색하던 시카고의 폴 해리스(Paul Harris)의 풍부한 상상력에서 비롯되었다. 법조계에서는 윤리적인 이유로 광고를 하지 못하게 되어 있었으나 폴 해리스의 상상력 덕분으로 일반적인 광고를 통하지 않고 법률업무를 늘어나게 하는 방법을 생각하였다.

지금 운명의 바람이 당신에게 역풍일지라도 상상력을 사용하면, 오히려 불리한 상황을 반전시켜 명확한 목표를 더 쉽게 이룰 수 있다는 것을 기억하라. 연은 바람과 함께 나는 것이 아니고 바람을 타고 나는 것이다.

많은 부분에서 인간은 유사하다

지금까지 설명한 예시들을 분석하면 인간 본성에 대한 긴밀한 연구가 성공을 이루는 데 중요한 역할을 한다는 것을 알 수 있다. 상상력의 덕을 보기 위해선 일정한 행위를 하도록 사람을 움직이는 동기가 무엇인가를 면밀히 파악할 수 있어야 한다.

만약 자신의 상상력을 통하여 어떤 사람의 이익에 부합할 때 그 요구는 쉽게 받아들여진다는 것을 인식할 수 있다면 여러분은 사실상 원하는 모든 것을 가질 수 있게 될 것이다.

하루는 한 친구의 차에 동승한 적이 있다. 그 친구가 제한속도를 초과하여 운전하였다. 이를 보고 경찰관의 오토바이가 달려와 친구에게 과속을 했으므로 딱지를 끊어야겠다고 하였다.

그 친구는 경찰관에게 미소를 지으며, "이렇게 비가 내리는데 고생하게 해서 죄송합니다. 지금 제 친구랑 10시 기차를 타려고 한 시간에 35마일을 밟고 말았습니다"라고 하자, 경찰관은 "아닙니다. 당신은 지금 28마일로 운전했을 뿐인데요. 그렇게 말씀하시니 앞으로 조심하겠다는 의사로 알고 이번에는 봐 드리지요" 라고 하였다.

여기서도 상상의 요소를 발견할 수 있을 것이다. 경찰관도 제대로 응대한다면 이유를 들으려 할 것이다. 반면 속도측정기가 잘못되었다고 우기는 운전자에게는 딱지만이 돌아갈 것이다.

상상의 종류 가운데 주의해야 할 것도 있다. 노력이나 상응하는 대가를 치르지 않고 무언가를 얻을 수 있다고 생각하는 것, 그리고 다른 사람의 권리를 고려하지 않고 자신이 원하는 것을 얻으려는 경우가 이에 해당한다.

가령 미국 전역에는 약 16만 명에 달하는 수감자들이 있다. 그들은 자신의 상상력을 이루는 데 타인의 권리를 고려하지 않아 수감이 된 것이라고 할 수 있겠다.

오하이오 교도소에 수감된 사람 중에 35년을 복역한 이가 있다. 그는 큰돈을 만져보고자 하는 욕심에 위조지폐 사건에 연루되었지만, 정작 손에 만진 돈은 12달러에 불과하였다. 잘못된 상상력이 어떤 결과를 야기하는지 잘 보여주고 있다.

'사람을 묶어놓고 충격을 주면 어떻게 될까?' 등 쓸데없는 일에 자신의 상상력을 발동하고 이를 실행하려는 사람들은 정신병원에 가야 할 부류에 속한다.

시간과 상상력(상상력은 종종 시간의 산물일 경우가 많다)은 우리에게 많은 교훈을 주는데 무엇보다 중요한 것은 다음과 같은 사실이다.

많은 부분에서 사람들은 유사하다!

그러므로 고객이 생각하고 있는 것을 알고자 한다면, 자신이 고객의 입장일 때는 무엇을 생각할지 연구해보라. 자신을 연구하여 특정한 행동을 하게 하는 동기는 무엇이고, 특정한 행동은 막는 동기는 무엇인지를 발견하면 상상력의 정확한 사용이 가능하게 될 것이다.

형사들에게 가장 중요한 자산은 상상력이다. 범죄의 실마리를 풀 때 그가 처음 묻게 되는 질문은 '동기가 무엇인가?' 이다. 동기를 파악하면 대개 범인을 찾아낼 수 있다.

자신이 기르던 말을 잃어버린 사람이 5달러의 사례금을 내걸고 포스터를 붙였다. 며칠이 지나 '저능하다' 고 간주되던 소년이 말을 끌고 와서 사례금을 요구하였다.

주인은 이 소년이 어떻게 말을 발견할 수 있었는지 궁금하여 "어떻게 말을 찾았니?" 라고 물었다. 그러자 소년은 "글쎄요, 어렵지 않았어요. 저는 그냥 내가 말이면 어디로 갔을까 생각해 봤을 뿐이에요" 라고 답하였다.

'저능한' 사람이지만 적절한 추론을 하였던 것이다. 저능하지 않고 똑똑하다고 자부하는 사람들 중에도 사실 이 소년처럼 상상력을 발휘하지 않고 인생을 살아가는 경우가 허다하다.

다른 사람들이 무엇을 할 것인지 알고 싶으면 상상력을 사용하여 그의 처지에 자신을 놓고, 그 상황이라면 어떻게 할지 생각해보라. 이것이 바로 상상이다.

사람은 누구나 어느 정도 공상가가 되어야 한다. 모든 사업에는 이러한 공상가가 필요하다. 산업과 전문분야에도 공상가가 필요하다. 그러나 공상가는 동시에 행위자가 되어야 할 것이다. 그렇지 않다면 꿈을 현실로 만들 수 있는 사람과 연대를 구축해야 할 것이다.

⌛ 상상력과 결단력의 가치

상상력은 신속하고 확실한 결정과 행동을 취해야 하는 긴급 상황에서 최대로 발동된다. 이러한 긴급 상황에서 인간은 천재라고 불릴 만큼 신속한 결정을 하고 계획을 세우고 상상력을 사용한다. 사실 천재는 상상력의 자극이 어느 때보다 요청되는 상황에서 탄생한다.

당신의 사고는 기존의 발상들을 새롭고 유용하게 결합시킬 수 있을 뿐 아니라, 당신이 가장 갈망하는 명확한 중점 목표를 확립해준다.

명확한 중점 목표를 세우면 이는 상상 속에서 즉각적으로 현실화된다. 2장에서 제시한 지침을 성실하게 수행하고 있다면, 지금 당신은 성공을 향한 길에 있는 것이다. 왜냐하면 그 지침을 따르면 당신이 무엇을 원하는지 알 수 있을 것이고, 원하는 것을 얻기 위한 계획을 가지고 있을 것이기 때문이다.

원하는 것이 명확하면 성공을 달성하기 위한 전쟁은 이미 반은 승리한 것이다. 자신이 원하는 것을 알고 어떠한 대가를 치르더라도 이를 얻고자 마음먹었다면 승리를 '외칠' 일만이 남은 것이다.

명확한 중점 목표를 설정하기 위해선 상상력과 결단력이 필요하다!

결단력은 사용할수록 강화된다. 상상력을 통하여 명확한 중점 목표를 창출하도록 하는 신속한 결정력은 어떤 상황에서 내리는 결정보다 강력하다.

역경과 일시적 패배는 대개 모습을 감추고 있는 축복일 경우가 많다. 이들이 상상력과 결단력을 발휘하도록 하기 때문이다. 배수진을 친 경우와 같이 퇴로가 없고 등 뒤에는 벽만이 존재할 때 인간은 어느 때보다 강력한 힘을 발휘한다. 이런 경우에는 회피하고 도망가는 대신 싸움을 결심하게 된다.

시카고대학 총장을 역임했던 고(故) 하퍼(Harper) 박사는 당시 가장 유능한 총장이었다. 그는 거액의 기부금을 모으는 데 탁월한 재능이 있었다. 록펠러로부터 시카고대학을 위해 100만 달러의 기부를 받아낸 것도 그의 수완 덕이다.

그가 뛰어난 지도자였다는 점에서도 하퍼 박사의 기술을 알아두는 것이 도움이 될 것이다. 게다가 그의 리더십은 운이나 요행에서 비롯된 것이 아니고 세심하게 마련된 계획을 거친 결과이기 때문에 이를 밝혀두고 싶다.

다음은 거액의 기부금을 모금하는 데 하퍼 박사가 어떻게 상상력을 사용하였는지 보여주는 예가 될 것이다.

성공은 세심한 계획의 결과

학교에 새로운 건물을 짓는데 수백만 달러의 자금이 필요하게 되었다. 하퍼 박사는 곧 거액의 기부를 할 가능성이 있는 시카고의 유력인사 명단을 작성하였고 그 가운데 두 명을 골라냈다. 그들은 모두 백만장자였고 또한 영원한 맞수관계에 놓인 사람이었다.

당시 이 중의 한 사람은 시카고 전차회사의 사장이었다. 하퍼 박사는 정오시간을 택해 그의 비서가 점심식사를 하러 나간 사이에 태연하게 사무실로 들어갔다. 바깥에 아무도 지키는 사람이 없는 것을 확인하고 그의 '돈주머니'의 사무실에 들어갔다.

전차회사 사장은 예상치 못한 시간에 예상치 못한 사람의 방문으로 무척 놀란 기색이 역력했다. 하지만 하퍼 박사는 이에 아랑곳하지 않고 자기소개를 해나가기 시작했다.

"제 이름은 하퍼라고 합니다. 저는 시카고대학의 총장입니다. 불쑥 찾아와 놀라게 해서 죄송합니다만, 밖에 아무도 없어서(그가 사전에 의도한 바이지만) 이렇게 허락도 없이 들어오게 되었습니다.

저는 사장님과 귀사에 대해 수차례 생각해 보았습니다. 사장님께서는 훌륭한 전차 시스템을 구축하였고, 자신의 노력을 통해 막대한 이익을 벌어들였으리라 생각합니다. 이처럼 훌륭하신 분이 결국 사후에는 이름을 기념할 만한 아무것도 남기지 못한 채 역사의 뒤안길로 사라질 것이라는 데 생각이 미쳤습니다.

아시다시피 결국 사장님의 돈은 다른 사람의 수중에 넘어갈 것이고, 돈만큼 주인이 바뀌자마자 옛 주인을 기억 못하는 것도 없지요. 그래서 사장님의 이름이 길이길이 남을 수 있는 방법을 생각해 보았습니다.

현재 시카고대학에서 새로운 홀을 지으려 하는데 이 홀의 주춧돌에 사장님의 이름을 새기고 사장님의 이름으로 홀을 건설하는 것입니다. 이러한 제의를 진작 드리고 싶었는데 저희 대학의 이사회에서는 X씨(그는 이 사장의 경쟁상대이다)를 그 대상으로 거론하여 왔기 때문에 말씀드리지 못했습니다.

그러나 저는 개인적으로 사장님을 선호하고 있으며 현재도 그런 생각에는 변함이 없습니다. 만약 사장님이 의향이 있으시다면 저는 무슨 수를 다해서라도 반대를 꺾을 생각입니다.

물론 저는 오늘 대답을 듣고자 온 것이 아닙니다. 마침 지나가던 길에 사장님을 만나 이러한 생각을 밝히는 것이 좋겠다는 생각을 하였습니다. 생각해보시고 이 사안으로 저를 만나시고 싶으면 편하실 때 제게 연락을 주십시오.

　즐겁고 의미있는 하루되시기 바랍니다! 오늘 사장님을 만나게 되어 저
는 정말 기쁩니다."

　말을 마치고 그는 전차회사의 사장에게 찬성이다, 아니다 한마디 말할
기회도 주지 않고 사무실을 나섰다. 사실 그 사장이 말할 기회는 거의 없
었다. 하퍼 박사가 끊임없이 말을 하였기 때문이다. 이는 그가 의도한 바
이기도 했다. 그는 사무실에 단지 씨앗을 심어두고 때가 되면 이것이 싹
을 틔울 것이라고 믿었다.

　그의 이러한 믿음은 가능성이 없지는 않았다. 그가 막 총장실에 돌아왔
을 때 전화벨이 울렸다. 수화기 저편에는 방금 만나고 온 전차회사의 사
장이 있었다. 그는 하퍼 박사와 약속시간을 잡았고 둘은 총장실에서 다
음날 만남을 가졌다. 한 시간 만에 하퍼 박사는 100만 달러 수표를 건네
받았다.

　하퍼 박사는 왜소하고 주의를 끌만한 외모를 지니지 못했지만 '자신이
원하는 것을 얻는 방법을 알고 있는' 사람이었다.

　그에게 명성을 가져다준 그만의 방법이란 무엇일까?

　그의 성공도 그가 상상력의 힘을 이해하고 있었기 때문에 가능하였다.
그가 전차회사 비서에게 찾아가 면담요청을 했다고 해보자. 그랬다면 그
가 연락을 받고 면담이 이루어졌을 때쯤이면 이미 사장은 그의 요청을 거
절할 논리적이고 적절한 핑계를 생각할 충분한 시간을 가졌을 것이다.

또 사장과의 면담에서 이렇게 설득하였다고 가정해보자.

"지금 시카고대학은 기금이 모자라 당신의 도움을 요청하고자 왔습니다. 사장님께서는 돈을 많이 버셨고 이는 사회에서 벌어들인 만큼 사회에 빚지고 있다고 생각합니다(맞는 말일 수도 있지만). 만약 100만 달러를 기부하신다면 사장님의 이름을 새로운 홀에 새겨드리겠습니다."

그 결과가 어떻게 되었을 것 같은가?

우선 여기에선 사장의 마음을 흔들거나 솔깃하게 하기에 충분한 동기를 발견할 수 없다. 그가 돈을 벌어들인 만큼 사회에 빚진 것이 사실이라 해도 그는 이러한 사실을 인정하지 않을 수도 있다. 게다가 이러한 제안에 호의적이기보다는 오히려 반감만 생기게 할 수 있는 것이다.

그러나 하퍼 박사는 빈틈없는 상상력을 발동하여 성공을 거두었다.

우선 그는 사장에게 사장의 이름을 따 홀을 짓는 것에 이사회가 찬성할지 확실하지 않다고 하여 하고 싶다는 동기를 유발하였다. 두 번째로 사장의 적수이자 경쟁상대가 그런 영예를 차지할지도 모른다는 사실에 그로부터 반사적으로 욕구를 끌어냈다. 게다가 하퍼 박사는 사장의 이름을 후세에도 남길 수 있다고 말하여 어필할 수 있었다.

이 모든 것이 상상의 법칙을 실제에 적용한 결과이다.

하퍼 박사는 세일즈의 명인이다. 그가 사람들에게 돈을 요청할 때는 돈을 기부해야 할 타당한 이유를 들어 목적을 달성하였다. 그는 이유를 제시할 때 이 기부를 통해 기부자가 얻을 수 있는 이점에 대한 강조 방법을 구사하였다. 이러한 방법은 경영활동에서도 응용될 수 있다.

다른 성공 포인트로 후세에도 이름을 남기고 싶어하는 인간의 본성에 호소한 것을 들 수 있겠지만, 기부금을 얻기 위한 요청은 언제나 사전에 주의 깊게 계획되었고 상상 속에서 충분히 그려봄으로써 다듬어졌다.

효과적인 판매를 위한 아이디어

상상력이 어떻게 판매에 효과적으로 이용되는지 몇 가지 예를 보자.

나는 셔츠와 넥타이를 좀 사려고 필라델피아에서 가장 잘 알려진 잡화점을 방문했다. 넥타이 진열대에 다가가자 젊은이가 다가와 물었다.

"뭐 사고 싶은 것이라도 있으신가요?"

내가 그였다면 나는 그런 질문은 하지 않았을 것이다. 내가 말하지 않아도 그가 물을 필요도 없이 내가 넥타이 진열대에 다가섰다면 넥타이를 사려한다는 것쯤은 알아야 하는 것이다.

나는 진열대에서 두세 개 정도를 골라 간단히 살펴보고 마음에 드는 연청색을 빼고는 제자리에 내려놓았다. 그러고는 마지막 것도 내려놓고 다른 것들을 돌아보기 시작했다.

그때 카운터 뒤에 서 있던 젊은이가 알았다는 듯이 밝은 표정을 지으며 요란한 노란색 넥타이를 집어 들고서 그것을 매면 어떻게 보일지 보여주기 위해 자신의 손가락에 걸면서 물었다.

"이거 좋지 않나요?"

사실 내가 제일 싫어하는 게 노란색인데, 이 젊은이는 하필이면 뻔쩍이는 노란색 – 나의 어디에서 노란색 넥타이를 좋아하겠다는 생각이 들었는지 – 을 들이밀어서 나의 취향을 간파하기는커녕 역효과만 내고 있는 것이다.

내가 만약 그였다면 고객이 만지작거렸던 연청색 넥타이를 집어 들어 고객의 손가락에 걸어 보이면서 맨 후에 어떻게 보일지 힌트를 주려고 했을 것이다. 즉, 손님이 고르고 살피는 것에 관심을 기울이면서 손님의 취향을 파악했을 것이다.

그뿐 아니라 손님이 들여다보는 시간을 관찰하면서 어떤 제품을 특히 마음에 들어하는지 알아챘을 것이다. 마음에 들지도 않는 제품을 만지작거리는 사람은 없는 것이다.

센스 있는 점원이라면 이런 행위들에서 고객이 원하는 제품이 무엇이고 따라서 어떤 제품을 공략함으로써 중점적으로 판매해야 할지 알아챘을 것이다.

나는 다음으로 셔츠 진열대로 걸음을 옮겼다. 이곳에선 조금 나이든 사람이 물었다.

"제가 오늘 뭐 도와드릴 일이 있을까요?"

나는 혼자 생각하기를, '나를 도와주고 싶으시다면 오늘이 아니면 안 될 거요. 왜냐하면 내가 이 집에 또 올 것 같지는 않으니까' 라고 생각하고 있었다.

나는 그에게 셔츠를 보고 싶다며 내가 원하는 스타일과 색상을 설명하였다. 그는 설명을 듣자마자 나에 대해 속단을 내렸다.

"죄송합니다만, 선생님이 찾으시는 것들은 유행이 지난 것들이라서 저희 상점에선 취급하고 있지 않습니다."

나는 내가 찾는 것들이 요즘 유행하는 스타일과는 다르다는 것도 알지만 바로 그 때문에 재고분이 있다면 사고 싶다고 하였다.

고객을 화나게 하는 것이 있다면 — 특히나 자신이 원하는 것이 무엇인지 분명히 알고 상점에 들어와 그것을 설명하고 있을 때는 더욱 — 그것은 아마도 "그것들은 이미 유행이 지난 것들인걸요"라는 말을 듣는 것이다.

이런 발언은 한 사람의 취향이나 기호에 대한 무시에 가까우며 대부분 판매에 스스로 무덤을 파는 경우가 된다.

만약 내가 물건을 판다면 고객의 취향을 알게 되었을 때 그처럼 재치와 매너가 부족하게 응대하지 않을 것이고, 마치 상대가 뭘 모르고 있다는 식으로 대하지도 않을 것이다.

또 만약 상대가 요청하는 제품이 남아 있지 않더라도 상대를 더 만족시킬 만한 제품을 찾아주었을 것이다.

나는 그 상점에선 본래 사려고 했던 셔츠도 넥타이도 사지 않고 색상과 스타일에 대한 기호도 무시당해 기분도 언짢아서 문을 나섰다.

거리를 조금 걸어 내려가니 한 사람이 경영하고 있는 조그만 상점이 있었다. 셔츠와 넥타이가 진열되어 있었다.

이곳에선 대우가 달랐다!

상점에 있던 사람은 쓸데없는 질문이나 판에 박힌 질문들을 하지 않았다. 내가 들어서자 한번 보더니 재빠르게 꽤 정확한 판단을 내리고는 "안

녕하세요!" 라고 인사하였다.

그러고 나서 "셔츠를 보시려고요? 아니면 넥타이를 사시려고 합니까?" 라고 물었다. 나는 셔츠를 먼저 보고 싶다고 하였다. 그는 내가 입고 있는 셔츠의 스타일을 보고서는 내가 찾고 있던 바로 스타일과 색상을 한마디 물어보지도 않고 골라낸 것이 아닌가!

그는 여섯 가지 정도의 셔츠를 내놓고 맘에 드는 것을 골라보라고 하였다. 나는 하나하나 순서대로 살펴보고선 그에게 돌려주었다.

그는 내가 살피는 동안 특별히 한 셔츠에 더 시간을 들이고 좀더 가까이 살핀 것을 보고는 그것을 집어 들어 어떤 재질로 만들어졌는지 설명하기 시작하였다.

그러고 나선 넥타이 진열장에 가서 깔끔한 연청색 넥타이를 세 개 가져왔다. 모두 내가 찾고 있던 바로 그것이었다. 그는 이 넥타이들을 셔츠에 대어보이면서 셔츠와 넥타이의 색상이 조화를 이루는지 보여주었다.

상점에 들어선 지 5분도 안 되어 나는 셔츠 석 장에 넥타이 세 개를 샀으며, 이를 들고 나오면서 다음에 셔츠와 넥타이를 살 때에도 이곳에 와서 사야겠다고 생각하였다.

후에 알게 된 바로는, 그는 이 작은 상점을 500달러의 월세를 내고 있었는데, 셔츠와 넥타이만 취급하면서도 상당한 수입을 올리고 있었다. 그러나 만약 고객의 속성과 취향을 파악하지 못하고 자신의 상점에 오는 사람에게 이처럼 높은 판매 성공률을 거두지 못했다면 문을 닫아야 했을 것이다.

상상력은 실질적인 부가가치

나는 몇 해 전 뉴욕시에서 가장 큰 신사복 상점에 들어가 내가 원하는 스타일을 설명하였는데 가격대는 언급하지 않았다. 젊은 점원은 이를 잘 듣더니 "손님께서 찾으시는 것은 없는 듯한데요" 라고 대답하였다. 나는 원하는 바로 그 양복이 마네킹에 입혀 있는 것을 발견하고 "바로 저거요" 라고 말하였다.

그는 "아, 저거요? 저거 아주 비싼 건데요!" 라고 하는 게 아닌가!

그의 발언으로 놀라기도 하고 화가 나기도 했다. 그래서 나는 도대체 뭘 보고 내가 비싼 양복을 살 수 없다는 표시라도 있냐고 물었더니, 그는 당황하여 변명을 하려고 하였다. 그의 변명은 그의 모욕적인 언사보다 더 구제불능이었다.

그래서 '멍청이 같으니' 라고 중얼거리며 막 문을 나서려는 순간, 내가 들어올 때보다 기분이 나빠져서 나가는 것을 본 다른 점원이 나를 급히 불렀다.

그는 재치 있는 말로 대화를 끌어내 기분을 덜어주고 다시 양복을 보여주었다. 이번엔 상점을 나설 때는 그 옷을 들고 나왔을 뿐 아니라 애초에는 생각이 없었던 옷도 두 벌 더 사가지고 나오게 되었다.

이것이 바로 진정한 세일즈맨과 손님을 쫓아내는 점원의 차이이다. 또한 나는 그 점원에게 친구 두 명을 소개시켜주었고, 그들은 모두 이 상점에서 상당한 구매를 하였다.

나는 어느 날 시카고에 있는 거리를 걷고 있었는데, 상점에 진열되어 있는 회색 양복이 눈길을 끌어 발걸음이 멈추어졌다. 구매할 생각은 없었지만 가격이 궁금해서 문을 열고 고개만 안으로 들이밀고는 양복이 얼마냐고 물어보았다.

그 상점의 영리한 세일즈맨은 내가 상점에 들어오지 않으면 물건을 팔수 없다는 것을 잘 알고 "가격표를 볼 동안 들어와 계시겠어요?" 라고 말하는 것이 아닌가.

물론 그가 가격을 모를 리 만무했지만 이렇게 함으로써 내게 물건을 팔려한다는 경계를 늦추는 데 성공하였다. 물론 나도 그에 맞게 예의를 갖춰 "네, 그러지요" 라고 하고는 안으로 들어갔다.

세일즈맨은 "여기로 오시지요. 여기 가격을 알려드리겠습니다"라고 말하였다. 채 2분도 안 되어 나는 입고 있던 코트를 벗고 진열되어 있던 코트를 입으려 거울 앞에 선 자신을 발견하였다.

코트를 입자 거의 맞춘 것처럼 꼭 맞았는데 – 그 세일즈맨의 정확한 눈썰미 때문이지만 – 부드러운 촉감의 재질에 마음이 끌렸다. 내가 코트의 팔 부분을 손으로 쓸어보자 그는 어떤 재질로 만들어졌는지 설명하기 시작하였고 옷감이 좋은 제품인 것을 알 수 있었다.

나는 다시 한번 가격을 물었다. 겨우 50달러 가격에 놀랐는데 그는 이 코트가 훨씬 값비싼 제품이라고 믿게 만들었기 때문이다.

사실 내가 이 옷을 밖에서 보았을 때는 35달러 정도를 예상하였다. 이 옷의 장점을 최대한 살려서 어필할 수 있는 그를 만나지 않았다면 아마 이만큼을 지불하고 사지는 않았을 것이다.

결국 나는 정신학자들이 말하는 '충동구매'를 하였지만, 충동구매를 하는 사람이 어디 나뿐이겠는가.

단 한마디로 세일즈맨은 물건을 팔 기회를 놓쳤을 수도 있었다. 그가 그냥 "50달러입니다"라고 하였다면 나 또한 "알겠습니다" 하고 가던 길을 갔을 것이고 그랬더라면 거래는 이루어지지 않았을 것이다.

계절이 바뀌었을 때도 나는 그에게서 옷 두 벌을 더 샀는데, 지금도 내가 시카고에서 옷을 산다면 아마 그곳에서 살 것이다. 그는 언제나 나의 취향에 맞는 옷을 제시하고 추천하였기 때문이다.

필라델피아의 브로드가(街)에 한 과일가게가 있는데, 여기에는 손님에게 문을 열어주는 사람이 있다. 그의 업무는 문을 열어주는 것에 불과하지만, 미소(물론 이것도 연구되고 예비연습을 거친 것)로 문을 열어주어 상점에 들어가기 전부터 환영받고 있다는 느낌을 준다.

이 과일가게는 바구니 포장이 뛰어나다. 과일가게 밖의 메모판에는 뉴욕시를 떠나는 대형선박의 항해일자가 적혀 있어 항해를 떠나는 친구를 위해 과일 바구니를 선물하고 싶은 사람들을 주 대상으로 하고 있다.

애인이나 친구, 부인이 떠날 때 아름답게 장식된 한 바구니의 과일을 건네주고 싶기 때문이다. 이럴 때는 싼 것을 찾을 게 아니라 비싼 것도 마다하지 않게 된다.

이렇게 작은 과일가게일지라도 경영의 묘를 살릴 수 있는 것이다. 한 블록만 더 가도 다른 과일가게에서는 3~5달러에 불과한 과일이 여기서는 똑같은 내용물에, 포장에 70센트를 더 들였을 뿐인데도 10~25달러에 판매가 되고 있다.

다른 곳과 마찬가지로 가게의 규모는 크지 않지만 1년에 15,000달러를 임대료로 내고도 다른 과일가게 50여 개를 합친 것보다 더 많은 수입을 올리고 있다. 이는 그 가게가 고객을 끌기 위해 어떻게 물건을 진열하고 배달할 것인가를 연구하고 이를 도입하였기 때문이다.

이 또한 상상력의 가치를 증명하는 것이라 할 수 있다.

인간의 그 어떤 성취도 상상력(想像力)으로부터 시작되는 것이다. 그러므로 자신이 원하는 자질들을 스스로의 상상 속에서 그려본 후 이를 획득한 자신의 모습을 그려보지 않는다면 인생의 명확한 목표도 자기 확신도 솔선수범과 리더십도 있을 수가 없는 것이다.

이 세상에 존재하는 것 중에서 자신이 절대적인 통제권을 지닌 유일한 것이 상상력이다. 가령 어떤 사람들이 당신의 물질적 부를 앗아가고 수천 번을 속일 수는 있지만, 그 누구도 당신의 상상력을 사용하고 조절할 능력을 빼앗아갈 수는 없다.

오늘날 세계가 겪고 있는 문제점들도 모두 상상력의 힘을 이해하지 못하는 데에서 비롯된 것이다. 상상력을 제대로만 이해하고 적용했다면 지구상의 빈곤과 재난, 불공정성, 그리고 온갖 박해를 불식하는 작업을 한 세대 만에도 이뤄낼 수 있었을 것이다.

일단의 근로자들 사이에 긍정적이고 낙관적인 성격을 가진 사람을 투여하면 그의 성격은 같이 일하는 사람들에게 긍정적인 영향을 미치게 된다. 쾌활하고 자신감에 넘치며 낙관주의와 조화의 정신을 지닌 사람은 결국 조직의 모든 사람에게 영향을 끼치게 될 것이다.

자신의 상상력을 가지고 해낼 수 있는 가장 효용성이 크고 위대한 일은 기존의 사고를 새롭게 결합시키는 것이다. 만약 자신의 상상력을 적절히 이용하게 된다면 실패와 실수도 무한한 가치를 지닌 자산이 될 것이다.

상상력을 이용하는 사람만이 알 수 있는 진리를 종종 발견할 수 있는데 그것은 인생의 가장 커다란 불행과 고난도 종종 황금 같은 기회의 문을 열어주는 열쇠가 된다는 사실이다.

상상력을 이용하여 이득을 보는 데에는 두 가지 방법이 있을 수 있다. 하나는 상상력을 스스로 개발하는 방법, 또 하나는 상상력을 가지고 있는 사람과 연계하는 방법이다.

자신의 상상력이 불충분하다고 생각되면 이를 보충하기 위해 상상력이 풍부한 사람과 연대를 구축하여야 할 것이다. 이러한 연대는 여러 형태로 이루어질 수 있다. 예를 들어 결혼으로 맺어진 연대, 사업관계와 친구, 고용주와 고용인 간의 연대가 그것이다.

판매의 기술에서 가장 중요한 요소는 상상력이다. 세일즈의 달인이란 언제나 상상력을 체계적으로 사용하는 사람을 일컫는 것이다. 뛰어난 세일즈맨은 그의 사업 번창을 위한 아이디어를 얻기 위해 상상력에 의존하고 있다.

제품을 판매하거나 서비스를 제공할 때 가장 적합한 방법을 찾는 것은 다음과 같은 인간 고유의 속성을 염두에 두면 좋을 것이다. '인간은 당신의 이익을 위해 도움을 요청할 때보다 다른 사람의 이익을 위해 도움을 요청할 때 이를 잘 들어준다!'

상상의 능력을 보유한 세일즈맨이라면 구매 의향자가 이 상품으로 얻을 혜택이 뚜렷한 것처럼 느끼도록 화술을 구사한다. 단지 세일즈맨을 돕기 위해 제품을 사려는 사람은 없다. 인간은 자신의 이익에 부합하는 것을 하게 마련이다. 한마디로 모든 인간은 이기적이다!

운명의 바람이 당신에게 역풍일지라도 상상력을 사용하면, 오히려 불리한 상황을 반전시켜 여러분의 명확한 목표를 더 쉽게 이룰 수 있다는 것을 기억하라. 연은 바람과 함께 나는 것이 아니고 바람을 타고 나는 것이다.

다른 사람들이 무엇을 할 것인지 알고 싶으면 상상력을 사용하여 그의 처지에 자신을 놓고 그 상황이라면 어떻게 할지 생각해보라. 이것이 바로 상상이다.

당신의 사고는 기존의 발상들을 새롭고 유용하게 결합시킬 수 있을 뿐 아니라, 당신이 가장 갈망하는 명확한 중점 목표를 확립해준다. 명확한 중점 목표를 세우면 이는 상상 속에서 즉각적으로 현실화된다.

만약 실패하리라 생각하거나 실패한 사람처럼 행동하면 결국은 실패의 결과를 부르고 말 것이다. '유유상종'의 원리이다. 인생의 목표가 무엇이든 간에 이를 성취하기 위해서는 상상력을 사용해야 한다.

원하는 것이 명확하면 성공을 달성하기 위한 전쟁은 이미 반은 승리한 것이다. 자신이 원하는 것을 알고 어떠한 대가를 치르더라도 이를 얻고자 마음먹었다면 승리를 '외칠' 일만이 남은 것이다.

명확한 중점 목표를 설정하기 위해선 상상력과 결단력이 필요하다! 결단력은 사용할수록 강화된다. 상상력을 통하여 명확한 중점 목표를 창출하도록 하는 신속한 결정력은 어떤 상황에서 내리는 결정보다 강력하다.

상상력의 덕을 보기 위해선 사람을 움직이는 동기가 무엇인가를 면밀히 파악할 수 있어야 한다. 만약 자신의 상상력을 통하여 어떤 사람의 이익에 부합할 때 그 요구는 쉽게 받아들여진다는 것을 인식할 수 있다면 사실상 원하는 모든 것을 가질 수 있다.

고객이 생각하고 있는 것을 알고자 한다면, 자신이 고객의 입장일 때는 무엇을 생각할지 연구해보라. 자신을 연구하여 특정한 행동을 하게 하는 동기는 무엇이고, 특정한 행동은 막는 동기는 무엇인지를 발견하면 상상력의 정확한 사용이 가능하게 될 것이다.

사람은 누구나 어느 정도 공상가가 되어야 한다. 모든 사업에는 이러한 공상가가 필요하다. 그러나 공상가는 동시에 행위자가 되어야 할 것이다. 그렇지 않다면 꿈을 현실로 만들 수 있는 사람과 연대를 구축해야 할 것이다.

역경과 일시적 패배는 대개 모습을 감추고 있는 축복일 경우가 많다. 이들이 상상력과 결단력을 발휘하도록 하기 때문이다. 배수진을 친 경우와 같이 퇴로가 없고 등 뒤에는 벽만이 존재할 때 인간은 어느 때보다 강력한 힘을 발휘한다.

5장

모든 결과는
열정으로부터

열정이 성공에 미치는 영향

> 열정은 자신을 재충전하고 역동적으로 삶을 살아가기 위한 원동력이 된다. 성공적인 삶이란 자기 몸에 '열정' 이라는 에너지를 가득 채우는 것으로부터 시작된다. 축복받은 사람들은 태어날 때부터 열정을 가지고 있지만, 그렇지 않은 사람이라면 자신의 노력으로 열정을 찾아내야 한다.

열정(熱情)이란 어떤 일을 하고 싶도록 만드는 마음가짐을 말한다. 하지만 열정은 단지 그것만이 아니다. 열정은 전염된다. 열정을 가진 사람과 만나는 모든 사람은 그 열정에 영향을 받을 것이다.

사람과 열정과의 관계는 증기기관차와 증기와의 관계와 같다. 열정은 행동을 일으키는 원동력이다. 추종자들의 마음속에 열정을 일으키는 지도자야말로 가장 훌륭한 지도자이다.

또한 열정은 설득력의 가장 중요한 구성요소이며, 공개적 연설에서도 마찬가지다. 연설자가 열정을 가지고 있지 않다면 아무리 훌륭한 설교라 해도 쇠귀에 경 읽기밖에는 되지 못할 것이다.

자신의 일에 열정을 가지고 있다면 그 일은 힘들거나 지루하지 않을 것이다. 열정은 마음뿐 아니라 신체 구석구석에 에너지를 준다. 열정을 가진 사람은 평소보다 절반의 수면만 취하고 두세 배의 일을 하더라도 피로함을 느끼지 않을 것이다.

열정은 단순한 말장난이 아니다. 열정은 모든 일을 할 때 도움이 되는 근원적인 생명력이다. 그러므로 열정이 없는 사람은 방전된 배터리와 다를 바가 없다.

열정을 개발하는 방법은 어렵지 않다. 가장 좋아하는 일을 하는 것만으로 열정의 개발은 시작된다. 만약 좋아하는 일에 매진할 형편이 되지 않는다면, 당분간 현재의 일에 충실하되 미래에는 그 일을 하고야 말겠다는 '명확한 중점 목표'를 잠시도 잊지 말라.

자본이 모자란다거나 또는 기타 불가피한 이유로 좋아하지 않는 일을 해야만 하는 경우도 있다. 하지만 그 누구도 당신이 언젠가는 이렇게 살고 말겠다는 '인생의 명확한 목표'를 설정하는 것까지는 방해할 수는 없다.

덧붙여 그 꿈을 현실로 바꾸기 위해 열심히 계획하고 노력하는 것을 멈출 수 없으며, 당신이 그 계획에 열정을 불태우는 것을 막을 수도 없다.

인간이 노력을 하는 가장 최종적인 이유는 행복을 얻기 위해서이다. 그런데 행복이라는 것은 미래의 성취를 꿈꿀 때에만 유지될 수 있다. 행복은 과거에 있지 않고 언제나 미래에 있다.

행복한 사람은 아직은 얻지 못한 미래의 성취를 꿈꾸는 사람이다.

가지고 싶은 집, 벌고 싶은 돈, 즐거운 여행, 인생의 어느 시점에서의 사회적 위치, 그리고 이 모든 것들을 위한 준비 등 바로 이런 모든 것들이 사람의 행복을 만든다. 이 모든 것들은 다름 아닌 '인생의 명확한 목표'에서부터 시작되는 것이다.

현재 자신이 처한 상황이 어떠하더라도 방금 언급한 것들을 꿈꾸다 보면 열정을 가지게 되지 않는가?

역동적인 삶을 위한 원동력

20여 년 전 나는 어떤 생각 하나를 하고 있었고, 그 생각에 대해 열정을 가지고 있었다. 이 생각이 처음 내게 떠올랐을 때 나는 아무런 준비도 되어 있지 않았다. 그 생각을 현실로 옮기기 위한 한 발짝조차 떼지 못할 정도였다. 나는 그 생각을 포기하지 않았다.

나는 먼 미래를 보고 있었으며 내 꿈이 현실로 이루어질 수 있을 만큼 내가 준비가 될 때를 기다렸다. 그 생각이란 이것이다.

'나는 잡지의 논설위원이 되고 싶다. 그 잡지에서는 황금률(黃金律)에 대해 이야기할 것이고, 그래서 사람들에게 영감을 불어넣고 용기를 주는 내용을 실을 것이다.'

마침내 기회가 왔다! 1918년 휴전일에 나는 내가 근 20년간 꿈꿔오던 그 사설을 정말로 쓸 수 있게 된 것이다.

나는 내 가슴속에서 20년이 넘게 생각하고 연구해온 그 모든 것을 열정을 쏟아 작성하였다. 그리고 내 꿈은 현실이 되었다. 유명한 잡지사의 논설위원이 된 것이다.

이미 말했듯 나는 그 사설을 열정적으로 썼다. 나는 그 사설을 내가 아는 사람에게 가져가서 열정을 지니고 읽어주었다. 그 사설은 이런 문장으로 끝이 났다.

'지난 20년간 꿈꾸던 것이 마침내 현실이 되려 하고 있습니다. 여기에는 돈이 많이 필요할 것입니다. 아니! 매우 많이 필요할 것입니다. 그리고 어떻게 그 돈을 마련할지는 전혀 생각조차 나지 않습니다. 하지만 조금도 걱정하지 않고 있습니다. 왜냐하면 나는 어딘가에서 그 꿈을 이룰 수 있을 것이라고 믿기 때문입니다!'

마지막 문장에 쓰인 내 믿음에는 열의가 혼합되어 있다.

나는 여태껏 보여준 적이 없는 내 논설을 어떤 사람에게 처음으로 보여주었다. 내가 다 읽고 나자 내 논설을 들은 사람이 말했다.

"나는 당신이 어디에서 그 지원을 받을 수 있는지 알고 있습니다. 왜냐하면 내가 당신을 지원할 것이기 때문입니다."

그리고 그는 내게 지원을 해주었다.

그렇다. 열정이란 생명력이다. 이 생명력을 충분히 개발하지 못한 사람은 성취를 위한 첫걸음조차 제대로 내딛지 못할 것이다.

이 장의 다음 이야기로 넘어가기 전에 나는 한 가지 사실을 반복해서 강조하고자 한다. 바로 지금 당신이 어떤 위치에 있든지 간에 당신은 '명확한 중점 목표'를 생각하고 그에 대한 열정을 쌓아나갈 수 있다는 점이다.

아마 당신은 지금 그 인생의 명확한 목표에서 매우 멀리 떨어진 곳에 있을 수도 있다. 하지만 당신의 가슴속에 열정의 촛불을 켜두고 그 촛불을 오래오래 불태운다면 당신의 목표 앞에 있는 모든 장애물들은 눈 녹듯이 사라져버릴 것이다. 이어 당신은 당신이 상상하지 못했던 능력들을 가지게 될 것이다.

인간의 가장 강력한 힘은 신념에서 비롯된다. 이 불가사의한 힘으로 기적이 행해질 수 있다. 이를 따르면 지상에 평화를 가져올 수 있다.

신념은 인간의 한계를 넘어서게 하고 어쩌면 한계조차 없게 만드는 원리이다. 자신의 명확한 중점 목표와 함께 개발하고자 하는 인품과 인생에서 얻고 싶은 지위를 적어라. 그리고 목표를 실현시킬 수 있다는 신념을 가지고 매일 밤 낭독하라. 그리고 분명히 밝혀두지만 이 책의 내용은 틀림이 없을 것이다.

성공하기 위해서는 행동가가 되어야 한다. '아는 것'만으로는 충분하지 않다. 결국 성공은 아는 동시에 행동하는 것이 필요하다는 것이다. 이때 열정은 지식을 행동으로 바꾸는 주요원인이다.

100만 달러 구두닦이

내셔널 금전출납기록기 제조회사의 판매 총책임자였던 휴 칼머스(Hugh Chalmers)는 재임기간 중 자신의 직위뿐 아니라 그 아래에 수천 명의 세일즈맨의 자리가 위태로운 최대 위기를 맞았다. 회사가 경영위기에 처한 것이다.

이러한 사실이 세일즈맨들에게 알려지자 그들은 판매의 열정을 잃게 되었다. 판매가 감소하고 이에 따라 회사의 재정상태는 더욱 악화되어 회사의 공장이 있는 오하이오주 데이튼에 판매조직의 모임이 소집되었다. 전국 각지의 세일즈맨이 소집되었다. 칼머스가 이 모임을 주재하였다.

그는 유능한 세일즈맨들에게 일어서서 판매가 감소하고 있는 이유가 무엇인지 말해보라고 하였다. 호명되는 대로 그들은 한 명 한 명 일어나 절망적인 분석들을 내놓았다. 경영 사정이 악화되었고 자금이 달리는 데다 사람들은 대통령 선거까지 구매를 자제하고 있다는 등의 보고와 분석이 잇따랐다.

다섯 번째 사원이 일어나 어려움들을 진술하고 어째서 예전과 같은 판매기록이 유지되지 않는지 말하기 시작하자 칼머스는 한 회의 테이블에 올라서더니 손을 들어 그의 발언을 막고서 "그만하시오! 10분간 정회합니다. 그 동안 구두나 좀 닦읍시다"라고 하였다.

말이 끝나자 칼머스 옆에 앉아 있던 어린 소년이 구두닦이 도구함을 들고 와서는 테이블 위에 올라선 그의 신발을 닦기 시작했다. 객석의 세일즈맨들은 경악했다! 어떤 사람들은 칼머스가 드디어 정신이 나간 것이라고 생각했다. 그들은 여기저기서 수군대기 시작했다.

그러는 동안에도 구두닦이 소년은 구두 한쪽을 닦고 다른 곳을 닦으며 충분한 시간과 공을 들여 구두를 닦았다. 구두 닦는 일이 끝나자 칼머스는 소년에게 10센트의 돈을 건네주고 연설을 하기 시작했다.

"여러분, 이 흑인 소년을 보십시오. 그는 우리 공장과 사무실 직원의 구두를 닦을 수 있는 허가를 가지고 있습니다. 이전에는 백인 소년이 그 허가를 소유했는데, 이 소년보다 나이가 좀더 많았습니다.

그 백인 소년은 수천 명이 일하고 있는 이 공장에서 일하면서 주급으로 5달러를 회사에서 보조받았는데도 생계를 유지할 수 없었습니다. 지금 이 소년은 회사의 보조금 없이도 생계 걱정이 없을 뿐 아니라 매주 수익

금에서 돈을 저축하고 있습니다. 똑같은 사람들이 일하는 똑같은 공장에 조건도 같은데 말이죠.

그럼 여러분께 묻고 싶습니다. 이전에 그 백인 소년이 실패한 것은 누구의 잘못입니까? 그의 책임입니까? 아니면 고객의 책임입니까?'

군중 속에서 일제히 대답이 들려왔다.

"물론 그 소년의 책임이지요!"

그 대답을 듣고 칼머스는 말을 이어갔다.

"그러시다면 지금 여러분이 금전출납기록기를 같은 지역에 있는 같은 사람들을 대상으로 1년 전과 동일한 경영환경에서 판매하고 있는데, 예전보다 판매가 부진한 것은 누구의 책임입니까? 여러분입니까? 고객입니까? 혹은 또 다른 누구입니까?'

또다시 군중에서 대답이 나왔다.

"우리 책임입니다!"

"여러분이 책임을 인정하니 기쁩니다. 이제 여러분의 문제가 무엇인지 말씀드리겠습니다. 여러분은 지금 회사가 재정위기에 처해 있다는 루머를 접하고 이 때문에 열정이 사라졌습니다. 그래서 이전과 같은 노력을 하지 않는 것입니다. 여러분이 자신의 지역으로 돌아가서 30일 동안에 각자 5건의 판매만 되어도 회사의 재정위기는 없을 것입니다. 할 수 있겠습니까?'

그들은 하겠다고 대답하였고, 또 해냈다.

이 사건은 내셔널 금전출납기록기 제조회사의 역사에 '휴 칼머스의 100만 달러 구두닦이'로 이름 붙여진 유명한 일화가 되었는데, 이 계기로 회사에 수백만 달러에 해당하는 판매기록이 가능해진 연유이다.

열정은 패배할 줄 모른다

세일즈맨 부대를 열정으로 무장시키는 세일즈 매니저라면 자신의 서비스 가격을 결정할 수 있을 뿐 아니라, 더욱 중요한 것은 자신의 지도 아래 있는 구성원들의 판매 역량을 증대시킴으로써 그들의 수입도 증대시킬 수 있다는 것이다.

그리하여 그의 열정은 자신뿐 아니라 수백 명의 타인에게도 혜택을 가져다준다. 열정은 우연히 발생하는 것이 아니다. 열정을 일으키는 데는 특정한 요인들이 있으며 그 중 중요한 몇 가지를 꼽아보면 다음과 같다.

① 자신의 적성에 맞는 직업이나 업무를 얻고 있는 상태

② 열정적이고 낙관적인 사람들과 접촉할 수 있는 환경

③ 재정적으로 자유로운 독립상태

④ '성공의 법칙'을 터득하고 일상 업무에서 적용하는 상태

⑤ 건강에 문제가 없는 상태

⑥ 타인에게 유용하게 서비스할 수 있는 지식의 보유

⑦ 직위에 걸맞은 적절한 의상을 입을 수 있는 상태

앞에 제시된 7가지 요인 가운데 마지막 것을 제외하고는 누구나 쉽게 수긍이 갈 것이다. 그러나 의상의 철학과 그 중요성을 아는 사람은 그리 많지 않다. 의상은 자신감과 희망찬 태도, 열정에 충만한 마음가짐을 가

지는 데 중요한 역할을 담당한다.

빌리 선데이(Billy Sunday)는 미국에서 가장 성공한 목사이다. 그의 기법과 심리학적 수단을 파악하기 위해 나는 총 세 번 그의 집회에 참가하였다. 그러고 나서 결론을 얻었다. 그의 성공 비결을 한 단어로 밝힌다면 바로 '열정'이다!

암시의 원리를 효과적으로 사용하면서 빌리 선데이는 자신의 열정을 그의 신도들에게 전달하고 그들은 이에 영향을 받게 된다. 그가 설교를 하는 데 차용하는 전략은 세일즈의 달인이 채택하고 있는 방식과 동일하다.

열정은 물고기에게 물이 필요한 것처럼 세일즈맨에게 필수적인 요소이다. 성공적인 세일즈 매니저들은 열정의 철학을 이해하고 이를 다양하게 활용하여 실제적으로 판매를 촉진하고 증가시킨다.

세일즈 조직에는 구성원들의 마음을 재충전시키기 위한 목적으로 모임을 갖고 서로 열의를 주입시켜 군중심리를 통해 집단적으로 이런 효과를 창출한다.

세일즈 조직의 모임은 '부흥회'라고 불리는 것이 적절한 표현이 될 것이다. 모임의 목적이 흥미를 재생시키고 열정을 유발시켜 세일즈맨들이 새로이 창출된 야망과 에너지를 가지고 판매에 임하게 하는 데 있기 때문이다.

⌛ 암시가 상대방에게 주는 영향

암시는 어떤 사람의 말과 행동이, 그리고 정신상태까지도 다른 사람들에게 영향을 미치는 원리를 말한다. 또한 자기암시는 스스로에게 암시하는 것을 말한다. 암시는 자기가 남에게 영향을 미치고자 할 때에 사용되며, 자기암시는 자기 스스로에게 영향을 미치고자 할 때 사용된다.

이제 우리가 이야기할 주제는 이 책에서 가장 중요한 것 중 하나인 바로 '암시'이다. 심리학에서는 언어 및 기타의 자극으로써 이성에 호소함이 없이 타인의 관념, 결심, 행동 등을 유발하는 일을 가리킨다.

앞에서 이미 '자기암시'라는 주제에 대해 이야기했다. 그때 자기암시를 살펴보면서 스스로에게 암시하는 것이 얼마나 중요한지를 알아보았다.

암시에서 명심해야 할 점은 당신의 말하는 방법, 행동하는 방법, 그리고 기분까지도 모두 상대방에게 영향을 미치는 중요한 요소라는 사실이다.

나는 앞 장에서 텔레파시 이론에 대해 설명했다. 따라서 이미 당신은 암시가 얼마나 상대방에게 강한 영향을 미치는지를 이해하고 있을 것이다.

만약 당신이 텔레파시(한 사람의 생각이 말, 소리, 행동의 도움 없이 상대방의 생각과 직접 의사소통을 하는 것)를 정확히 이해한다면 왜 열정이 남에게 영향을 미치는지 또한 이해할 수 있을 것이다.

만약 당신 스스로 열정에 따라 흥분해서 심하게 진동하고 있다면, 이 진동은 가까운 거리에 있는 모든 사람의 마음에도 느껴질 것이다. 특히 당신과 가까이 있는 사람이라면 이 진동을 강하게 느낄 수 있다.

청중들이 강사 자신과 '일치', 즉 공감을 하고 있다는 것을 느낀다면, 청중들이 강사의 열정으로부터 영향을 받고 있으며 그들의 마음이 강사의 마음과 조화롭게 진동하고 있다는 뜻이 된다.

세일즈맨이 마침내 거래가 성사되는 '심리적' 순간이 다가왔음을 느낀다면, 이때 세일즈맨은 자기 자신의 열의가 구매자의 마음에 영향을 끼쳐 두 사람의 마음이 조화롭게 '일치' 되었음을 느끼게 된다.

나는 예전에 구술녹음기를 구입하기 위해 그 판매회사에 갔던 적이 있다. 당시 나에게 상품에 대해서 설명하던 세일즈맨은 자사 상품의 장점에 대해서 매우 논리적으로 설명을 해주었지만, 그의 곁에 앉아 있는 속기사는 조그만 공책에 말을 받아쓰고 있었다.

그는 구술녹음기가 속기사를 고용하는 것보다 훨씬 더 좋다고 열심히 설명했지만, 나는 그의 말에 조금도 설득되지 않았다. 그의 말과 행동이 조화를 이루지 못했기 때문이다.

생각하는 것은 암시 절차에 적용되는 세 가지 방식 가운데 가장 중요하다. 왜냐하면 당신의 생각에 따라 당신이 말하는 음색(音色)이 변할 것이고, 당신의 행동도 변할 것이기 때문이다.

만약 당신의 생각과 행동과 말(음색을 포함하여)이 적절히 조화된다면 당신과 이야기하고 있는 사람은 당신에게 영향을 받지 않을 수 없게 된다.

암시라는 주제는 이 과정에서뿐 아니라 이 책 전체에서도 매우 중요한 부분이다. 그래서 나는 이 암시라는 주제를, 암시가 전달되는 세 가지의 매체로 분류해서 설명하고자 한다. 이 세 가지의 매체란 말하는 것, 행동하는 것, 그리고 생각하는 것이다.

행동이 말보다 더 중요하다

당신이 판매하고자 하는 상품이나 서비스에 대해, 또는 강의시 전달하고자 하는 주제에 대해 열정을 지니고 있다면 이때 당신의 말을 듣고 있는 사람은 당신의 음색으로부터 당신이 어떤 마음가짐으로 말을 하고 있는지를 매우 쉽고 정확하게 알아차린다.

음색의 중요성에 대해서 생각한 적이 있는지 모르겠지만, 당신이 하는 말에 진정으로 확신을 심어주는 것은 말 내용 그 자체보다는 음색이다. 아무리 훌륭하고 그럴 듯한 말을 늘어놓는다고 하더라도 타오르는 열정보다 더 깊은 믿음을 줄 수는 없다. 열정이 들어 있지 않은 말은 단지 생명력 없는 '소리'에 지나지 않는다.

그런 점에서 강좌를 책으로 옮기는 작업에 한계를 느끼기도 한다. 왜냐하면 나는 인쇄된 글자를 통해서는, 활활 타오르는 열정도 없이 단지 입에서 흘러나오는 '소리'와 심장이 말하는 듯 열정으로 가득 찬 말을 구분해서 표현할 재주가 없기 때문이다. 왜냐하면 그 두 가지 말 사이에는 명백한 차이가 존재하기 때문이다.

그래서 때때로 말과 말하는 태도가 정반대인 경우에는 의도하는 말과

정반대의 뜻을 전달할 수도 있다.

논리적인 표현을 사용해서 설득함에도 불구하고 충분한 열정으로 무장되지 않은 세일즈맨은 자신의 말에 성실과 믿음을 담지 못한다. 이것은 그의 말로서 전달하려는 것과 말의 음색이 암시하는 것이 전혀 다르다면 결코 어떤 물건도 팔 수 없음을 뜻한다.

물론 말하는 내용은 암시에서 매우 중요한 요소이다. 하지만 말은 행동만큼 중요하지 않다. 행동이 말보다 더 중요하다. 만약 이 두 요소가 조화를 이루지 못한다면 결국 당신에게 돌아올 것은 좌절뿐이다.

만약에 어떤 사람이 처세술로서 황금률을 강의하면서 자신이 강의하는 내용을 스스로 실천하지 않는다면, 누구도 그의 말에 귀를 기울이지 않을 것이다. 황금률을 자기 자신과 주변 사람에 실천하는 사람이 황금률을 강의한다면 연설자가 누구이든지간에 그 강의는 훌륭한 강의가 될 것이다.

만약에 포드 자동차를 팔고자 하는 사람이 뷰익(Buick)이나 다른 회사의 자동차를 타고서 고객 앞에 나타난다면, 그 세일즈맨이 포드에 대해서 아무리 자랑해도 고객은 한마디도 듣지 않을 것이다.

이제는 암시라는 주제에 대해 분석해보고, 또 각각의 원칙들이 어떤 식으로 실제로 적용되는지를 알아보자. 우리가 이미 살펴보았듯이 암시와 자기암시의 차이는 한 가지뿐이다.

암시는 자기가 남에게 영향을 미치고자 할 때에 사용되며, 자기암시는 자기 스스로에게 영향을 미치고자 할 때 사용된다.

암시를 통해 다른 사람에게 영향을 미치고자 하는 경우 그 사람의 마음 상태는 반드시 중립적인 상태이어야 한다.

중립적으로 만드는 것을 '중화(中和)시킨다'라고 하자. 중립적인 상태란 당신의 암시를 받아들일 마음의 준비가 되어 있는 상태를 일컫는다. 바로 이것을 모르기 때문에 많은 세일즈맨들이 실패한다.

많은 세일즈맨은 고객의 마음이 충분히 중립적으로 되기 전에, 즉 고객이 당신의 말을 받아들일 준비가 되어 있지 않은 상태에서 판매를 시도하는 것이다. 방금 말한 내용은 매우 중요하다. 여러분이 완전히 이해할 때까지 이 내용에 대해 반복해서 설명할 것이다.

세일즈맨이 판매를 위해서는 먼저 고객의 마음을 완전히 중화시켜야 한다고 했는데, 이 말의 뜻은 고객이 자신의 말을 쉽사리 믿도록 만들어야 한다는 것이다. 이를 위해서는 서로를 신뢰하는 관계가 먼저 만들어져야 한다.

서로를 신뢰하고 서로의 말에 귀를 기울이는 단계로 가는 데에는 정해진 규칙이란 없다. 제대로 된 세일즈맨이라면 이 관계를 쉽고 빠르고 간단하게 만들어내야 한다.

내가 아는 사람 중에는 10만 달러 이상의 고액 생명보험만을 전문으로 판매하는 세일즈맨이 있다. 이 사람은 고객에게 생명보험을 판매하려고 할 때 먼저 그 고객의 신상정보를 조사한다. 여기에는 고객의 평생 이력 및 경력, 교육, 경제적 능력, 특이한 습성, 종교적 선호도 등등이 포함된다.

물론 이것이 전부는 아니다. 글로 옮기기 힘든 수많은 사소한 정보까지도 놓치지 않는다. 이렇게 많은 정보를 미리 알고 난 다음에 이 세일즈맨은 해당 고객에게 적당한 방법을 통해서 – 때로는 사회적으로, 때로는 업무적으로 – 인간관계를 맺는다.

물론 처음 한두 번 그 고객에게 방문했을 때에는 생명보험에 대한 이야기는 꺼내지도 않는다. 이 고객과 친밀한 관계가 되기 전까지 보험 이야기를 전혀 하지 않는 것이다. 하지만 이 모든 시간이 단지 허송세월만은 아니다.

이 세일즈맨이 해당 고객에게 친근하게 방문하는 이유는 그 고객의 마음을 충분히 중화시키기 위해서이다. 이렇게 해서 충분히 서로를 신뢰하는 관계가 맺어진 다음이라면 마침내 그가 생명보험에 대한 이야기를 했을 때 고객은 기꺼이 세일즈맨의 말에 귀를 기울일 것이다.

성공을 위한 암시의 절차

몇 년 전에 나는 《서비스 판매 기술》이라는 책을 쓴 적이 있다.

출판사에 원고를 넘기기 직전, 출판사에서는 내게 유력인사들의 추천사를 받아달라고 요청했다. 책의 홍보에 사용하기 위해서였다. 대략 열 명 가량의 유명인사들에게 내가 무엇을 원하는지에 대해서 간략하게 써서 급히 편지를 보냈다.

편지를 보냈음에도 불구하고 한 통의 답장도 받지 못했다. 그 이유는 그 편지에는 성공을 위해서 필수적으로 포함해야 할 요소 두 가지를 포함하지 않았기 때문이다.

편지를 급하게 쓰느라 그 속에 열정을 담지 못했으며, 그리고 내 편지를 받는 사람들의 마음을 충분히 중화시키지 못했다. 즉, 나는 성공하기 위한 충분한 준비로써 암시의 원리를 적용하는 데 실패했던 것이다.

나는 곧 실수를 깨달았다. 그래서 이번에는 성공하기 위해 꼭 필요한 암시의 원칙을 엄격하게 지킨 편지를 써서 다시 보냈다.

이번의 편지는 성공이었다. 나는 답장을 받았는데, 그들의 답장은 내가 기대한 것보다 훨씬 더 훌륭하고 친절한 내용이었다. 그 추천 문구들이 책의 판매에 큰 도움을 주었음은 물론이다. 지금부터 내가 그때 썼던 두 편지를 다시 이곳에 옮겨보겠다.

이 두 편지를 통해 편지를 쓸 때 암시라는 요소가 어떤 식으로 사용되었는지를 알 수 있을 것이다. 또한 편지의 알맹이를 전달하기 위해서는 열정이 필요하다는 사실도 알게 될 것이다.

다음의 두 편지를 보면 어떤 편지가 성공하고 어떤 편지가 실패했는지는 굳이 언급하지 않더라도 쉽게 알 수 있을 것이다.

존경하는 포드 사장님!

저는 얼마 전 《서비스 판매 기술》이라는 책의 원고를 마무리했습니다. 수십만 권은 팔릴 것이라고 생각합니다. 그리고 아마도 이 책의 그 모든 독자들은 서비스업계 마케팅의 권위자인 귀하로부터 몇 마디의 말씀을 듣는다면 매우 기뻐할 것입니다.

그래서 부탁을 드립니다. 제가 출간하게 될 이 책에 몇 줄의 추천사를 써주실 수 있겠는지요? 추천사를 써주신다면 저에게 매우 큰 호의를 베

푸시는 일일 뿐 아니라, 수많은 독자들에게도 큰 도움이 될 것입니다.

제게 보여주실 어떤 배려에 대해서도 미리 감사드리며 이만 줄입니다.

안녕히 계십시오.

경애하는 마셜 부통령 각하!

세상에는 성공하고 싶어하지만 실제로는 그러지 못해 실의에 빠진 수많은 사람들이 있습니다. 이 사람들에게 귀하는 선망의 대상이라는 사실을 이미 알고 계시겠지요. 그리고 때때로 이 사람들에게 귀하는 격려와 조언을 전하고 싶을 때도 있을 것입니다. 그런 기회가 있다면 어떻게 하시겠습니까?

저는 《서비스 판매 기술》이라는 책을 내기로 하고 지금 막 원고를 마쳤습니다. 이 책의 요점은, 서비스라는 '원인'을 제공하면 월급봉투라는 '결과'가 나타난다는 간단한 사실과, 후자는 전자를 얼마만큼 효율적으로 투입했느냐에 따라 다르게 될 것이라는 원칙입니다.

하지만 귀하와 같이 사회의 가장 밑바닥에서부터 전 세계 누구나 존경하는 위치까지 헤쳐나간 분의 몇 마디 조언이 빠진다면 이 책은 완전하지 못할 것입니다.

만일 세일즈맨이 가져야 하는 가장 근본적이고 핵심적인 부분에 대한 귀하의 생각을 저에게 보내주신다면, 저는 제 책의 전반에 걸쳐 귀하의 말씀을 옮기도록 노력하겠습니다.

귀하의 고견은 이 세상에서 자신의 자리를 찾기 위해 열심히 노력하는 정직한 사람들에게 큰 도움이 될 것입니다.

저는 귀하가 매우 바쁘신 분이며 시간을 쪼개기 힘들다는 것을 잘 알고 있습니다. 하지만 조금만 바꾸어 생각해 주십시오. 단지 비서를 불러서 몇 가지 내용을 구술하기만 하면, 그 내용은 수십 만 독자의 가슴에 감동을 줄 것입니다.

비용으로 따지자면 이 일은 각하께는 우표값밖에 들지 않겠지만, 다른 관점에서 생각한다면 이만큼 가치 있는 일도 드물 것입니다.

귀하의 말씀 한마디를 읽고, 성공과 실패의 기로에 서있는 수많은 독자들이 그 말을 가슴에 새겨 성공의 길로 갈 수 있게 된다면, 돈으로 환산할 수 없을 정도로 값어치 있는 일이라고 사료됩니다. 부디 배려 있기를 바랍니다.

안녕히 계십시오.

효과적인 동기유발 전략

자, 이제 두 편지를 다시 읽어보자. 왜 하나의 편지는 성공했는데 다른 하나의 편지는 실패했는가? 첫 번째로 분석할 부분은 설득에 가장 중요한 요소인 '동기부여' 라는 측면이다.

첫 번째 편지에는 다른 사람에게 동기를 부여하지 않고 오직 자신의 관심사만을 이야기하고 있다. 이 편지에는 필요한 내용이 무엇인지를 정확하게 진술하고 있지만 왜 그 일을 해야 하는지, 그리고 그 일을 했을 때 자신에게 어떤 이익이 있는지에 대한 설명은 하지 않고 있다.

두 번째 문단의 문장 '추천사를 써주신다면 저에게 매우 큰 호의를 베

푸시는 일일 뿐 아니라, 수많은 독자들에게도 큰 도움이 될 것입니다' 를 보자. 대부분 사람들은 단순히 남에게 호의를 베풀고 부탁을 들어주는 일에는 관심이 없다. 어떻게 생각할지 모르지만, 이 말은 진실이다.

만약 내가 당신에게 내 이익을 위한 부탁을 한다고 하자. 당신에게 충분한 이익이 돌아가지 않는다면 당신은 내 부탁을 들어주는 일에 별다른 열의를 보이지 않을 것이다. 적당한 핑계를 대고서 내 부탁을 거절할 가능성도 있다.

하지만 내가 당신에게 제삼자를 위해 무엇을 해달라고 부탁을 한다면, 그리고 그 일에 대한 대가가 어떤 식으로든지 당신에게 돌아가게 된다면, 아마 당신은 내 부탁을 기꺼이 들어줄 것이다.

이런 예시를 들어보자.

많은 사람들은 길가의 거지에게 10센트를 휙 던져주거나 혹은 그 10센트조차 던져주지 않는다. 그러나 이런 사람들이 때때로 제삼자를 위해 구걸하는 자원봉사자들에게는 수백 또는 수천 달러를 흔쾌히 기부하지 않는가? 사람들은 누구나 이런 심리가 내재되어 있다.

첫 번째 편지가 실패할 수밖에 없었던 가장 큰 이유는 제일 마지막 문단에서 찾아볼 수 있다.

'제게 보여주실 어떤 배려에 대해서도 미리 감사드리며 이만 줄입니다.'

이 문장을 보면 글쓴이는 이미 거부당할 걱정부터 하고 있다. 이 문장에서 열정이라고는 찾아볼 수 없다. 이 문장은 곧 '제 요청을 거절해주십시오' 라고 말하는 것이나 마찬가지이다. 또 이 편지에는 샅샅이 찾아봐도 편지를 받는 사람이 답장을 써야겠다는 마음이 들게끔 하는 단어는 하나도 없다.

결국 다른 관점에서 보자면 편지를 받은 사람 입장에서는 편지를 보낸 사람이 자신의 추천사와 찬사를 이용해 책을 많이 팔아먹고자 한다는 속셈을 빤하게 들여다보였다는 점이다.

동기를 유발시켜야 한다는 가장 중요한 판매전략(이와 같은 상황에서의 요청에서는 사실 적용 가능한 전략이라고는 이것밖에 없다)을 무시한 것이다. 동기를 부여하는 것은 그나마 다음의 문장 속에 미약하게 제시되었을 뿐이다.

'그리고 아마도 이 책의 그 모든 독자들은 서비스업계 마케팅의 권위자인 귀하로부터 몇 마디의 말씀을 듣는다면 매우 기뻐할 것입니다.'

어쨌든 이 편지는 서두에서부터 세일즈의 가장 중요한 기본을 무시하고 있는 셈인데, 편지를 보내는 목적이 작가의 이익을 위해서라는 것만을 드러내고 있을 뿐 이를 받을 사람이 얻을 혜택에 대해선 조금도 언급이 되어 있지 않다.

이것은 결국 수신인의 마음을 중화시키기는커녕 오히려 역효과를 내어 그 뒤에 언급되어 있는 사항들에 대해서는 마음을 굳게 닫아버리도록 하는 결과를 야기하게 된다.

⏳ 성공하는 사람, 실패하는 사람

성공적인 사람들은 자기 자신에게 가장 알맞은 자극의 방법과 수단을 가지고 있다. 그 자극은 평범한 수준을 뛰어넘어 높은 성취를 유도하는 것이다. 그러나 열정의 정신 - 일상적으로 직업에 쏟는 보통의 노력을 훨씬 능가하는 - 으로 스스로를 일으켜 세우지 못한다면, 아무리 황금 같은 계획이라도 소기의 결과를 달성하기란 불가능하다.

한 세일즈맨이 - 아니, 그는 세일즈맨이 되려고 했던 사람이었다고 부르고 싶지만 - 생각난다. 그는 《새터데이 이브닝 포스트(The Saturday Evening Post)》지를 구독하게 하기 위해 사무실에 찾아왔던 젊은이다. 그때 이 젊은이는 잡지 한 부를 들고 나에게 다음과 같이 질문을 던졌다.

"이 잡지를 구독해주시면 제게 큰 도움이 되겠습니다. 구독해주실 의향이 있으신가요?"

대답은 물론 '노!' 였다. 내가 쉽게 거절할 수 있도록 그가 암시를 한 것이다. 그의 말에서는 조금의 열정도 찾아볼 수 없었고 다만 얼굴에는 어두움과 불안, 초조만이 쓰여 있었을 뿐이다. 그는 내가 그 잡지를 구독함으로써 그에게 떨어질 수수료를 필요로 했을 뿐이다.

이에 대해선 의문의 여지가 없지 않지만 그는 나의 동기를 자극할 만한 어떤 것도 제시하지 못해 판매에 실패하였다. 그렇지만 더 불행한 것은 그가 이 거래만을 실패한 것이 아니라는 것이다. 중요한 것은 그의 태도 때문에 이러한 접근방식을 바꾸지 않는다면 앞으로도 계속해서 판매에 성공하지 못할 것이라는 점이다.

몇 주 후에 다른 사람이 잡지 구독을 요청하기 위해 사무실로 들어왔다. 그녀는 여섯 종의 잡지를 팔고 있었는데《새터데이 이브닝 포스트》도 그 중 하나였다.

그러나 그녀는 전의 그 젊은이와 접근방식부터 차이가 났다. 그녀는 내 사무실 책상 위에 놓인 잡지들을 흘깃 보고, 이어 서재를 훑어보더니 열정을 보이며 소리쳤다.

"와! 대단한 독서광이시네요!"

나는 그녀의 찬사에 으쓱해졌다. 내가 '으쓱해졌다'라는 것에 주목하길 바란다. 바로 이 점이 중요한 역할을 담당하게 되는 것이다. 그녀가 걸어 들어올 때 나는 마침 읽고 있던 원고를 잠시 내려놓고 그녀를 보았는데, 그때 이미 그녀가 지성이 넘치는 여자라는 것을 알 수 있었다.

어떻게 그런 판단을 내릴 수 있었는지는 여러분의 상상에 맡기겠다. 중요한 것은 내가 나의 원고를 내려놓고 그녀가 무엇을 말할지 궁금해 하기 시작했다는 것이다.

단 한 문장과 상쾌한 미소, 그리고 열정에 가득 찬 음색으로 그녀는 내가 그녀의 말을 듣고 싶다고 생각하도록 나의 마음을 중화시켰다. 그녀는 이 한마디 말로 가장 풀기 어려운 무장을 해제시켰다.

나는 그녀가 들어왔을 때 원고에 집중하는 모습을 보임으로써 정중하지만 확실하게 나는 누구에게도 방해받고 싶지 않다는 것을 보이려 의도

했기 때문이다.

세일즈맨십과 암시의 연구자로서 나는 그녀가 다음 단계로 취할 행동을 관찰하기로 했다. 그녀는 잡지를 한 묶음 팔에 끼고 있었다. 나는 이내 그녀가 그것을 내려놓고 팔 것이라고 생각하였지만 그녀는 그렇게 하지 않았다.

암시와 열정은 마음으로 전달된다

여러분은 그녀가 잡지 여섯 종을 가지고 와 팔려했다는 것을 기억할 것이다.

그녀는 나의 서재로 다가가더니 에머슨의 수필집을 꺼내 들었다. 그녀는 이를 10여 분간이나 들여다보았다. 그 모습이 무척 진지해보여서 그녀가 잡지를 팔려왔다는 사실을 까맣게 잊고 말았다(그녀는 이렇게 함으로써 내 마음을 더욱더 중화시켰다).

그리고 에머슨의 사상에 대한 새로운 아이디어가 될 만한 것들을 얘기해주었는데 훌륭한 편집 자료로 활용하기에 충분할 정도였다.

그녀는 내가 정기구독하고 있는 잡지의 종류를 물었다. 내가 대답을 하자 그녀는 미소를 띠고 잡지를 내려놓으며 내 앞에 펼쳐놓았다. 잡지들을 하나하나 설명하면서 왜 내가 이들을 구독해야 하는지 설명하였다.

《새터데이 이브닝 포스트》는 흥미로운 소설이 실려 있고 《문학개론》은 나처럼 바쁜 사람들을 위해 요약된 정보를 제공해주며, 《아메리카》를 보면 경영과 산업을 선도하는 사람들의 최신 동향과 전기를 싣고 있어 도움이 될 것이라는 등 일일이 설명해주었다.

이쯤이면 내가 어떤 반응이라도 보여야 할 것인데도 아무런 반응이 없자 그녀는 다음과 같이 부드럽게 암시를 하였다.

"선생님과 같은 지위에 있는 분이라면 여러 지식에 두루 통달하셨을 거예요. 그렇지 않으면 일에서 표가 날 수밖에 없거든요."

이는 사실이다! 그녀의 발언은 칭찬인 동시에 교묘하게 숨겨진 질책이었다. 그녀는 내가 구독하고 있는 목록을 파악하였고 그 중에는 그녀가 판매하는 여섯 종의 주요 잡지가 포함되어 있지 않다는 것을 알고 있으므로 나로 하여금 은근히 부끄러움을 느끼게 하였다.

나는 잡지 구독료가 얼마냐고 물어보았다. 그녀는 재치 있는 화술로 대답하였다.

"가격이요? 글쎄요. 이 여섯 종의 잡지를 구독하는 데 드는 비용은 선생님께서 쓰고 계신 원고 한 장 값도 안 될걸요."

이 또한 그녀의 말이 맞았다. 그럼 내가 받는 원고료가 얼만지 어떻게 짐작할 수 있었을까? 사실 그녀는 이를 어림짐작한 것이 아니고 정확히 알고 있었다.

그녀는 남의 사생활에 쓸데없는 관심이 많다는 혐의를 피할 수 있을 만큼 능숙하게 내 작업의 성질을 파악해냈고, 그녀가 들어올 때 내가 내려놓았던 원고에 깊은 관심을 표해 자연스럽게 얘기를 꺼낼 수밖에 없었다.

그녀는 내가 한 말 중에 15쪽에 달하는 원고의 고료로 150달러를 받는다는 사실을 알아낸 것이다. 그렇다. 나는 경솔하게도 상당한 대우를 받고 일을 하고 있다는 사실을 발설해버렸다.

아마도 그녀가 은연중에 이러한 사실을 말하게끔 하였을 것이다. 어쨌든 이 정보는 그녀에게 유용한 정보였고 심리학적 순간에 적절하게 이용하였다.

보고 듣는 모든 것에 관심을 기울이고 주의 깊게 관찰하여 상대방의 약점이나 관심분야를 알아내는 것이 그녀의 계획 일부를 차지한다는 것을 잘 알고 있다. 세일즈맨에 따라서 이러한 방법을 구사하는 부류가 있고 그렇지 않은 부류가 있는데 그녀는 이를 이용하는 부류였다.

결국 그녀는 12달러에 구독 신청을 받아내는 데 성공하였다. 그러나 그녀의 기술적인 암시와 열의로 얻은 이득은 이것만이 아니었다. 그녀는 옆 사무실을 돌아다니며 판매행위를 할 수 있도록 내게서 허락을 얻어냈고 이리하여 사무실을 나설 때에는 다섯 건의 주문을 따낼 수 있었다.

나는 그녀가 사무실에 머무르는 동안 그녀에게서 잡지를 사줌으로써 그녀를 도와주고 있다는 생각이 든 적이 없었다. 오히려 그녀가 나에게 도움을 주는 것이라는 인상을 뚜렷하게 심어주었다. 이것이 기술적인 암시이다.

이 사건을 끝내기 전에 밝혀두고 싶은 것은 그녀가 화제를 이끌어냈을 때 나도 열정을 지니고 말을 하게 되었다는 점이다. 이에는 두 가지 분석이 가능하다. 우선 그녀가 열의가 넘치는 사람이라는 점과 나로 하여금 자신에 대한 얘기를 하도록 끌어내었다는 점이다.

이 에피소드를 소개하는 것은 나의 부주의함을 밝히려고 하는 것은 아니다. 그녀가 최대한 끈기를 가지고 내 말에 귀를 기울여 그녀가 잡지를 소개할 때 내가 그녀의 말을 듣게 하도록 유도했다는 점을 강조하고자 하는 것이다.

밝혔듯이 나는 대화를 하는 중에 열의를 가지고 임하였다. 아마도 나는 이 영리한 판매원의 말과 이를 꺼내는 방식에서 그녀의 열정에 깊은 인상을 받게 된 것인지도 모른다. 그렇다! 나는 바로 그 점에 끌리게 되었던 것이다.

그녀의 열의는 우연의 산물도 아니었다. 그녀는 잠재적 구매자의 사무실에서, 그리고 그의 업무와 대화에서 열정을 표출할 만한 무엇인가를 발견할 수 있도록 노력해왔던 것이다.

명심하라! 암시와 열정은 마음에서 마음으로 전달된다!

나는 그녀 방문 몇 주 전에 사무실을 방문하였던 젊은이가 똑같은 잡지를 팔면서 했던 말을 마치 어제 일처럼 생생하게 기억한다.

"이 잡지를 구독해주시면 제게 큰 도움이 되겠습니다. 구독해주실 의향이 있으신가요?"

그때 그의 목소리는 떨리고 있었으며 생기라고는 전혀 느껴지지 않았다. 바로 열정이 부족하였던 것이다. 그는 아무런 감흥도 일으키지 못하는 인상만을 주었을 뿐이다. 나는 그가 문을 들어서는 순간에 나가주기를 바랐다.

사실 나는 매정한 사람은 아닌데도 그의 음색이며 표정, 말 등에서 느낄 수 있었던 것은 무엇인가를 제시하러 온 것이 아니라 부탁하러 온 것이라는 암시뿐이었다.

마음을 여는 동기부여 기법

다시 앞서 살펴보았던 두 편지 이야기로 되돌아가 이번에는 이를 보낸 모든 이로부터 답장을 얻어낼 수 있었던 두 번째 편지를 분석해보자.

찬찬히 살펴보면, 첫 번째 문단에서 이미 다른 식으로는 대답이 불가능한 질문이 던져졌다는 것을 알 수 있을 것이다. 이를 첫 번째 편지와 비교하고 어떤 것이 더 호의적인 인상을 남기는지 판단해보라.

이 문단은 두 가지 목적을 위해 작성되었다.

첫째로는 수신인의 마음을 중화시켜 열린 마음으로 나머지 부분을 읽어나가도록 하려는 목적, 둘째로는 한 가지 답만이 존재하는 질문을 던짐으로써 뒤에 제시할 서비스의 속성에 조화를 이루도록 기초를 다지는 목적이 그것이다.

이 책에서 소개되었듯이 카네기는 자신의 성공 요인이 무엇이라고 생각하느냐는 나의 질문에 오히려 젊은이가 생각하는 성공의 의미가 무엇이냐고 반문함으로써 자연스럽게 질문의 답을 거절하였다. 그는 이렇게 함으로써 오해의 여지를 제거하였던 것이다.

그런데 편지에서는 편지의 목적을 밝힘과 동시에 이 목적이 타당하고 합리적이라고 받아들이게 하기 위한 의도로 첫 번째 문단을 작성하였다.

이 질문에 의문을 표시하거나 부정적인 답변을 한다면 이는 바로 자신이 이기적이라는 것을 인정하는 꼴이 되고 마는 것인데 이러한 모습을 보이고 싶은 사람은 없다.

농부가 땅을 고르고 퇴비를 주고 씨 뿌릴 준비를 하면서 좋은 수확을 확신하는 것과 마찬가지로 이 문단을 통해 수신인의 마음을 준비시켜 문단의 암시를 통해 씨를 받아들일 준비를 하게끔 한 것이다.

이제 두 번째 문단을 살펴보면 반문할 수도 부정할 수도 없는 문장을 볼 수 있다. 수신인은 이에 대해 이론을 제기할 수 없는 것이 그 근거가 누가 보아도 타당하기 때문이다.

이로써 수신인은 세 번째 문단에서 세심하게 윤색된 요청에 응낙할 심리학적 여정에 두 번째 걸음을 들여놓게 된 것이다. 또한 세 번째 문단부터는 수신인이 거부감을 갖지 않게 문장이 찬사로 이어지고 있다는 것을 알 수 있다.

'만일 세일즈맨이 가져야 하는 가장 근본적이고 핵심적인 부분에 대한 귀하의 생각을 저에게 보내주신다면……' 등등. 이 문장의 단어 사용을 살펴볼 때 이것이 요청이라는 느낌을 받기가 어려울 것이다.

그리고 작가의 이익을 위해 요청을 하고 있다는 단서도 발견할 수 없다. 오히려 이것은 다른 사람들을 위한 도움을 요청하는 것으로 해석될 수 있다.

이제 기술적으로 제시된 마지막 문장을 읽다보면 만약 이 요청을 거절하면 단지 2센트의 우표와 단 몇 분의 시간이 아까워 자신보다 불운한 사람들에게 조금도 신경쓰지 않는 사람이라는 것을 인정하는 꼴이 된다.

처음부터 끝까지 편지에서는 단순히 암시를 통해 가장 강렬한 인상을 심어주고 있다. 이러한 암시는 주의 깊게 제시되었기 때문에 전체적으로 편지를 면밀하게 분석하지 않는 한 쉽게 알아챌 수 없게 되어 있다.

편지의 전반적인 방향은 만약 수신인이 이 요청을 거부하면 자신이 어떤 사람인지를 스스로 드러내는 것이 되게끔 작성되었다.

이러한 효과는 마지막 단락의 마지막 문장에서 극대화되는데 그 중에서도 특히 다음 문장이 그러하다.

'귀하의 말씀 한마디를 읽고…… 수많은 독자들이 그 말을 가슴에 새겨 성공의 길로 갈 수 있게 해줄 것입니다.'

이 편지를 읽게 되면 그는 편지를 보낸 이에 동조하고 협력하게끔 되어 있다. 그는 이미 장치된 그물에 토끼를 몰아가는 것처럼 코너에 몰리게 되는 것이다.

이러한 분석이 참이라는 증거는 그들이 소위 너무 바빠 편지에 일일이 답장을 못하는 거물이라는 사실에도 불구하고 편지를 받은 모든 사람들이 답장을 보내왔다는 사실에서 살펴볼 수 있다.

단순히 만족할 만한 답변을 받았을 뿐 아니라 – 비서가 대신 보낸 루스벨트의 경우를 제외하고 – 이들이 모두 개인적으로 답장을 보내왔다는 점이다.

존 워너메이커(John Wanamaker)와 프랭크 밴더립(Frank Vanderlip)이 보낸 답변은 내가 받아본 편지 가운데 가장 뛰어난 것으로, 요청한 책에 실리기보다는 위엄 있는 서적을 장식할 만한 명문(名文)이었다.

카네기 또한 세일즈에 몸담고 있는 모든 이에게 가치 있는 조언을 담아 보내주었으며, 윌리엄 제닝스 브라이언(William Jennings Bryan)도 훌륭한 답변을, 그리고 작고한 로드 노스 클리프(Lord North Cliffe) 경 또한 마찬가지였다.

　그런데 중요한 것은 그들 모두가 나를 기쁘게 해주기 위해 쓴 것이 아니었다는 점이다. 네 명을 제외하고 나머지는 모두 내가 모르는 사람들이었다. 이런 사실로 미루어 그들은 나를 만족시키기 위해서가 아니고 자신들을 만족시키는 가치 있는 서비스를 제공하고자 글을 써 주었던 것이다.

　물론 내가 보낸 편지의 표현이 이러한 결과와 상관관계가 있을 수도 있지만, 여기에 진술한 인물들은 모두 접근방법을 올바르게 취해지기만 하면 누구보다 기꺼이 다른 사람을 위해 서비스를 제공하는 사람들이라는 것을 밝혀두고 싶다.

자기 자신을 속일 수는 없다

　나는 이 기회를 빌려 타인에게 도움이 되는 서비스를 제공해야 할 때면 바로 이러한 거물들이 누구보다 자발적이고 친절한 사람이었다는 것을 밝히고 싶다. 아마도 이런 이유로 그들은 진정한 거물이 아닌가 한다.

　나는 타인을 속일 수 있다고 생각하지 않는다. 그러나 그보다 더욱 확신하는 것은 자기 자신을 속일 수는 없다는 것이다. 만약 그런 일이 발생한다면 내 필력은 사라질 것이고 나의 발언은 그 감화력을 잃게 될 것이다.

　가슴에서 불타는 열정의 불꽃으로 글을 쓸 때만이 독자를 감화시킬 수 있는 것이며, 진정에서 우러나는 메시지에 확신을 담아 연설할 때만이 청중을 움직여 메시지를 받아들이게 할 수 있다. 그러므로 다음 문장을 큰소리로 낭독하길 바란다.

'자신의 신념에 배치되는 것은 행동이나 말로 표현할 수가 없다. 만약 굳이 그렇게 한다면 타인에 미치는 영향력을 상실하는 대가를 치르게 될 것이다.'

앞의 문장은 반복할 충분한 가치가 있다. 이러한 원리를 간과한 까닭에 명확한 중점 목표가 암초에 부딪쳐 산산조각이 나기 때문이다.

앞의 문장을 한번이라도 더 읽어주고 싶다. 또 나는 여러분이 이를 기억해두길 바란다. 그뿐 아니라 이를 적어서 매일매일 상기시킴으로써 중력의 법칙과 같이 불변의 법칙으로 받아들여 이러한 믿음이 없으면 자신의 분야에서 성공할 수 없다는 것을 마음에 심기 바란다.

내가 이 원칙을 지키려 할 때 신념이냐 빵이냐의 기로에 선 적이 많았다.

가까운 친구와 여러 조언자들이 실리를 취하기 위해 잠시 나의 철학을 접어두라고 강력히 충고한 적이 한두 번이 아니었지만 나는 결국 이를 고수해왔다. 나에게는 마음의 평안과 조화가 물질적인 보상의 우위에 있었기에 나는 타협을 할 수 없었다.

그러나 나의 이러한 신조와 결의는 소위 말하는 '정직'과는 거리가 있었다. 확신하지 않으므로 말하고 쓰는 것을 삼간 것은 전적으로 내 양심과 자신의 명예에 관한 문제였다. 나는 나의 말이나 글에 '생명'을 부여하고 싶었기 때문에 가슴이 말하는 것을 표현하려 애썼던 것이다.

스스로 분석해 본 결과 내가 이렇게 애썼던 동기는 다른 사람에게 공정하고자 하는 욕망보다는 – 타인에게 불공정하려 한 것도 아니지만 – 어찌 보면 개인의 이익에 기반을 둔 것이라 보는 게 정확할 것이다.

허위에 타협하는 자는 진정한 세일즈맨이 될 수 없다. 가령 살인범의 경우, 현장에서 잡히지 않았다 하더라도 거짓 진술을 하게 된다면, 그 거짓 진술은 그 목적을 달성할 수 없을 것이다. 왜냐하면 가슴에서부터 우러나온 진실이 아니라면, 그리고 순수한 열정과 결합되지 않은 말에는 '생명'이 결여되어 있기 때문이다.

다시 한번 앞에 제시한 문장을 읽어보기 바란다. 어떤 분야에서든지 영향력 있는 사람이 되길 원한다면 반드시 이해하고 적용해야 할 법칙이기 때문이다. 이렇게 반복하여 앞 문장을 읽어보도록 강조한다고 해서 결코 여러분의 지성을 무시하는 것이 아니다.

나는 여러분이 독립된 개체로써 성숙한 사고를 하는 성인이라고 믿어 의심치 않는다. 다만 이처럼 필수적인 원리를 충분히 각인시키지 않아 일상의 철학의 일부로 만들지 못하고 흘려버리는 경우가 있기 때문에 재차 강조하는 것이다.

나 자신도 그런 많은 약점을 지니고 있으므로 사람들에게 이러한 경향이 있다는 것을 잘 알고 있다. 이러한 기초적인 믿음과 신조가 나의 마음에 각인되어 내 자신의 일부가 되기까지 20년의 인생의 파고(波高)가 소요되었다.

나는 진리와 이에 상반되는 것 모두를 맛보았으며 실험해보았기 때문에 이들의 실효성을 믿을 뿐 아니라 이를 분명히 터득하고 있다고 할 수 있다.

그렇다면 '이러한 진리'라는 것은 무엇일까?

이에 대한 가능한 오해의 여지를 없애고 불분명한 해석의 가능성을 방지하기 위해 '이러한 진리'를 다시 한번 밝히겠다. 그것은 다음과 같다.

'자신이 믿지 않는 것은 입을 통해서든 행동을 통해서든 다른 사람에게 주장할 수 없다.'

평범하지만 조금 더 명확해졌을 것이다. 앞에서 '다른 사람에게 주장할 수 없다'라고 했는데 그 이유는 이렇다.

만약 당신이 양심을 거역하게 되면 머지않아서 당신의 양심은 사라질 것이다. 이렇게 되면 알람시계에 주의하지 않으면 알람시계 소리에도 잠을 깰 수 없는 것처럼 당신의 양심은 더 이상 당신을 이끌어줄 수 없기 때문이다.

이제 그 뜻이 더욱 분명해졌을 것이다.

긍정적인 암시, 부정적인 암시

외부의 암시를 통해서든, 자기암시를 통해서든 받아들여진 인상은 본질상 서로 조화를 이룰 수 있는 것끼리 그룹을 이뤄 무리를 짓게 된다. 가령 긍정적인 인상이 어느 곳을 차지하게 되면 부정적인 인상은 그곳에 있지 못하게 되는 것이다. 이러한 인상이 의식세계에 들어오면 연상작용을 통해 비슷한 성질의 것들을 기억하게 된다.

암시(暗示)는 미묘하면서도 가장 강력한 심리현상 가운데 하나이다. 사람들은 말을 하고 생각을 하는 모든 과정에서 이를 사용하고 있는데, 이러한 암시에는 긍정적인 암시와 부정적인 암시가 있다.

그런데 이 둘이 어떻게 다른지를 모른다면 이를 사용하는 과정에서 성공 대신 실패를 좌초하는 방향으로 암시를 발산할 수 있다. 부정적인 암시효과를 주입한다면 생명마저도 위험해진다는 것은 이미 과학적으로 입증되었다.

몇 해 전 프랑스에서 죄인이 사형을 선고받았다. 그러나 형이 집행되기 전에 한 실험을 하였는데, 이 실험을 통해 암시의 효과는 사람을 죽음에 이르게 할 수도 있다는 사실이 결정적으로 입증되었다.

죄수는 단두대에 올려졌고 눈이 가려진 채로 칼날 아래 목을 대게 한 후 묵직하고 끝이 날카로운 널빤지를 목에 떨어뜨렸다. 마치 날카로운 칼날에 맞은 것과 같은 충격효과를 발생시켰다. 그리고 따뜻한 물을 그의 목에 부었는데 척추를 타고 서서히 흘러내려 마치 피가 흘러내리는 느낌을 주었다.

7분이 지나자 의사는 죄수가 사망했음을 선고하였다. 그는 암시의 원리를 통해 상상 속에서 널빤지가 칼날로 둔갑하여 결국 심장이 멎고 말았던 것이다.

내가 어렸을 때 동네에 암으로 죽을까봐 두려워했던 노파가 살았다. 그녀는 유년기에 암으로 죽은 사람을 보았는데, 그 어릴 때의 기억이 그녀의 가슴에 깊이 박혀 자신에게도 암의 증상이 나타난다고 생각하기 시작하였다. 조금만 통증이 있어도 암의 전조 내지는 그 증상이라고 여기기 시작하였다.

언젠가 나도 그녀가 가슴에 손을 얹고 "세상에! 여기에 암세포가 자라고 있는 게야! 느껴진단 말이야!"라고 말하는 것을 들었다. 가상의 질병을 느낄 때마다 그녀는 손을 왼쪽 가슴 위에 얹곤 하였다. 그곳에 암세포가 공격을 가해온다고 믿었다.

이런 식으로 20여 년이 지났다. 몇 주 전에 그녀가 죽었는데 왼쪽 가슴에 생긴 암으로 죽었다!

부정적인 암시로 널빤지가 단두대의 칼날이 되었다면 건강한 몸도 암세포를 지닌 몸이 될 수 있는 것이다. 암시는 때로는 기적으로밖에 여겨지지 않는 정신적 치료도 가능하게 한다.

이 글을 읽고 있는 여러분도 암시의 도움을 받으면 두 시간도 안 되어 상상의 질병에 따라 병원에 보내질 수도 있다. 만일 당신이 거리를 걷고 있는데 서너 명의 신뢰할 만한 사람들이 아파 보인다고 하면 병원으로 달려갈 것이다.

자기암시와 열정과의 결합

나는 이러한 경험으로 생명보험을 계약한 적이 있다. 당시 나는 보험을 계약하려고 마음먹었는데 1,000달러짜리를 할지 2,000달러짜리를 할지 마음의 결정을 내리지 못하고 있었다. 그때 보험회사에서 진단을 받아보라는 제의를 하였다. 진단을 받은 다음날 또 다른 검사를 할 게 있다고 하여 재검사를 받았다.

두 번째 받은 검사는 더 전면적인 검사였고 당시 의사는 걱정스러운 듯이 나를 바라보았다. 다음날에도 나는 불려가서 검사를 받았는데 이때는 두 명의 의사가 나를 진단하였다. 이날은 내가 전혀 받아보지도, 들어보지도 못했던 온갖 검사를 실시하였다.

다음날 보험설계사가 나를 방문하였고 이렇게 말하였다.

"선생님을 놀라게 하고 싶지는 않습니다. 그렇지만 선생님을 진단한 의사들이 결과에 대해 의견이 같지 않습니다. 선생님께서 아직 1,000달러짜리를 계약할지 2,000달러짜리를 계약할지 결정을 안 내리셨는데, 검사 결과를 알려준다는 것은 공정하지 못하다고 생각합니다. 그렇게 한다면 좀더 비싼 보험에 들라고 강요했다는 인상을 줄 것 같아서입니다."

나는 목소리를 높여 말하였다.

"그렇다면 지금 결정하죠. 2,000달러짜리로 해야겠소."

물론 나는 이미 2,000달러짜리로 계약하기로 결심했었다. 나는 보험설계사로부터 아마도 내가 체질적으로 약하기 때문에 내가 원하는 만큼의 보상을 받기는 쉽지 않을 것이라고 암시를 받게 된 순간에 그렇게 결정했던 것이다.

"좋습니다. 그럼 선생님께서 결정을 내리셨으니 말씀을 드리겠습니다. 의사 중 두 분께서는 선생님에게 결핵균이 있다는 소견을 밝히셨고, 다른 두 분은 그렇지 않다고 하셨습니다."

속임수라는 것이 드러났다.

그러나 영리한 보험설계사는 결정을 못 내리고 망설이던 내가 결정을 내릴 수 있도록 하였고, 결국 둘 다 결과에 만족하였다.

어디서 '열정'이 발생되었는지 알고 싶은가?

어찌됐든 열정은 이미 발생하였는데 누가 이를 불러일으켰는지 알아야 겠다면, 보험설계사와 네 명의 공범자인 의사선생에게 물어보길 바란다. 아마 그들은 나의 선택에 만족하였을 것이다. 이것이 짜여진 각본이었다 고 해도 개의치 않는다. 어쨌든 나에게 생명보험이 필요한 건 사실이었 으니까.

당신이 보험설계사라고 해도 이 아이디어를 이용해 꾸물대는 고객의 마음을 결정하도록 이용하지는 않을 것으로 믿는다. 물론 그렇게 하면 안 된다!

몇 달 전에 나는 효과 만점의 광고 문안을 접하게 되었다. 자동차 보험 설계사가 전국에 보도된 자료들을 모아 좋은 문구와 함께 소책자를 만들 었다. 매일 65대의 자동차가 도난당한다는 뉴스였다. 소책자의 맨 뒷면 에는 고도의 암시 전법을 이용한 문구가 적혀 있었다.

'다음은 당신 차가 도난당할 차례일 수 있습니다. 보험은 들으셨겠지 요?'

아래 부분에 그의 이름과 연락처가 적혀 있었다. 나는 이를 2쪽도 읽기 전에 그에게 전화를 걸어 보험료를 물어보았다. 그는 즉시 나를 만나러 왔고 그 다음은 굳이 말하지 않아도 알 것이다.

인간의 마음만큼 불가사의한 구성체는 없을 것이다!

그 가운데서 가장 특징적인 것은 외부의 암시를 통해서든, 자기암시를 통해서든 받아들여진 인상은 본질상 서로 조화를 이룰 수 있는 것끼리 그룹을 이뤄 무리를 짓게 된다는 것이다. 가령 긍정적인 인상이 어느 곳을 차지하게 되면 부정적인 인상은 그곳에 있지 못하게 된다.

이러한 인상(혹은 과거의 경험들)이 의식세계에 들어오면 연상(聯想)작용을 통해 비슷한 성질의 것들을 기억하게 되는데, 하나의 고리가 서로 연결된 고리들을 계속해서 끌어들이는 것과 같다.

예를 들어 무언가에 의심을 품게 되면 그 사람의 마음에 과거 의심을 품었던 경험들이 떠오르게 된다. 낯선 사람이 수표를 현금으로 바꿔달라고 하면 그는 즉시 부주의하게 수표를 바꿔주는 것은 위험하다는 것을 기억해내거나 다른 사람이 그런 경험을 했다는 것을 기억해낼 수 있다.

이렇게 비슷한 감정과 경험을 (부정적이든, 긍정적이든) 인상과 결부시키는 법칙으로 한 가지 사실을 기억하면 다른 기억들도 떠오르게 된다.

불신의 감정이 들면 그의 마음에는 이와 관련된 경험들이 떠오르게 될 것이다. 이런 이유로 세일즈맨은 구매자가 과거의 경험으로부터 '불신의 마음'을 품을 단서를 제공하지 않게끔 해야 한다.

세일즈에 능숙한 사람이라면 구매자 앞에서 경쟁사나 경쟁제품을 공격하는 것은 오히려 구매자의 마음에 과거 경험에서 비롯된 부정적인 기억을 끌어내고 이로써 구매자의 마음을 중화시키는 것에 실패하게 된다는 사실을 알고 있다.

이러한 원리는 인간의 마음에 잠자고 있는 모든 감정에 적용된다. 예를 들어 두려움의 감정이 조금이라도 들게 되면 그것과 관련한 불쾌한 경험들이 되살아난다. 결국 두려움의 마음이 자리잡고 있는 한 용기의 감정이 생겨날리 없고 이 둘은 함께 자리할 수 없다. 둘 중 하나는 먹고 나머지는 먹히는 것이다.

그들은 천성적으로 조화를 이루지 못하기 때문에 동반자가 되지 못하는 것이다. 끼리끼리 유유상종이라고 하였다. 의식에 깃든 마음과 생각은 비슷한 성질의 생각들을 끌어들이는 성향을 지니고 있다.

그래서 과거의 경험에서 비롯된 감정과 사고, 그리고 느낌들이 의식세계에 자리잡게 되면 유사 성질의 지원병들이 이를 지지하고 그런 방향으로 작용하도록 도움이 될 태세를 갖추게 된다.

인품, 진정한 의미의 힘

자기암시의 원리를 이용해 마음속에 명확한 중점 목표를 달성할 야망을 심으면 자신의 재능과 미개발된 능력이 자극되어 이의 달성을 위하여 신속하게 행동을 취하게 될 것이다.

암시의 원리를 이용하여 어린이의 마음에 변호사, 의사, 엔지니어, 사업가가 되겠다는 포부를 심어주면, 즉 이러한 암시를 깊게 새겨주고 충분히 반복하면 그들은 야망의 대상을 달성하기 위해 나아가기 시작할 것이다.

암시를 '깊숙이' 심고자 한다면 열정과 결합시켜 보자!

열정은 비료와 같은 역할을 하여 암시를 깊숙이, 그리고 항구적으로 심어줄 뿐만 아니라 성장속도도 높여줄 것이다.

어느 마음씨 따뜻한 노신사가 나의 마음에 '너는 명석한 아이'라는 암시를 심어주고, 교육만 받게 된다면 '너의 생각을 세상에 내보일 수 있다'고 암시하였을 때, 당시 나의 마음에 깊은 영향을 준 것은 그가 말한 내용이 아니라 그 말을 한 방식에 있다.

그의 암시가 나의 무의식 가운데 깊이 새겨져 이러한 암시를 이행하기 위한 발걸음을 내딛지 않으면 안정을 취할 수 없을 것 같았던 것은 그가 말을 하면서 나의 어깨를 잡아주고 눈으로는 신념을 나타내 보여주었기 때문이다.

바로 이 점이 내가 강조하고픈 내용이다.

인상에 오래 남는 것은 당신이 말하고자 하는 내용보다는 그 내용을 얘기하는 어조와 태도에 달려 있다. 그러므로 호의적인 인상을 오래 남기고자 한다면 목적이 진실하고 정직하며 열정으로 뒷받침되어야 한다는 것이다.

남에게 무엇인가를 팔고자 한다면, 자신에게 먼저 판매할 수 있어야 하는 것이다.

인간이 지속적이고도 진정한 의미의 힘을 가질 수 있는 것은 그 사람의 인품 때문이다. 기억할 것은 명성과 인품은 다르다는 것이다. 명성은 사람들이 그렇다고 믿는 것이고, 인품은 실제 사람됨을 가리킨다. 영향력을 지닌 사람이 되고자 한다면 진정한 인품의 소유자가 되어야 한다.

인품은 단순한 광물을 금으로 바꿔줄 수 있는 도구이다. 인품을 지니지 않았다면 당신은 아무런 존재도 아니며 어떤 존재도 될 수 없다. 다만 얼마 값어치도 나가지 않는 뼈와 털, 그리고 살덩어리에 불과하다. 인품은 구걸할 수도, 훔쳐올 수도, 살 수도 없는 것이다.

이는 자신이 형성시킴으로써 얻어질 수 있는 것이며 자신의 사고와 행위를 통해서만이 형성할 수 있는 것이다. 자기암시의 원리를 이용하면 누구라도 자신의 과거와 관계없이 건전한 인품을 형성할 수 있다.

이제 이 장의 결론에 해당하는 것인데 그것은 인품과 열정을 지닌 사람은 같은 인품을 지닌 사람들을 끌어당기는 힘을 가지게 된다는 점이다.

만일 당신이 열정이라는 자질을 보유하고 있지 않다면, 그것을 갖추기 위해 따라야 할 절차를 제시해보겠다. 물론 지금 제시하는 다음의 지시 사항은 무척 간단한 것들이지만 그렇다고 해서 그 가치를 경시한다면 당신에게 불운한 일이 될 것이다.

첫째 : 이 책의 나머지 장을 독파하면서 그 원칙들을 습득해 나가라. 계속되는 원칙과 다른 중요한 지침을 통해 상호 보완하는 원리들을 발견하게 될 것이다.

둘째 : 아직 하지 않았다면 지금이라도 자기 인생의 명확한 중점 목표를 간결하고 명료한 언어로 쓰고 목표를 현실화하기 위한 계획도 작성하라.

셋째 : 자신이 작성한 명확한 중점 목표를 매일 밤, 잠자리에 들기 전에 반복하여 읽고 상상 속에서 목적을 달성한 자신의 모습을 그려보라. 목표를 현실화시키는 자신의 능력을 확신하고 이를 행하라. 목표를 읽을 때는 단어 하나하나에 힘을 실어 모든 열정을 다해

크게 낭독하라. 마음속에서 확고한 목소리가 '나의 목표는 실현될 것이다'라고 할 때까지 반복하여 읽어라. 어떤 때는 한 번만 읽어도 내부에서 나오는 이러한 목소리가 들릴 것이고, 어떤 때는 수십 번을 읽어야 들을 수 있을 것이다.

단, 이를 들을 수 있을 때까지는 멈추지 말라. 만일 원한다면 자신의 명확한 중점 목표를 달성하기 위해 기도하는 방식으로 해도 무방하다.

나는 이 장에서 다루고 있는 내용이 다양한 형태로 제시되고 설명되어서 이를 접하는 사람들이 모두 이해하고 따를 수 있도록 기꺼이 반복할 것이다. 사람들은 대개 성격, 경험, 지적 능력 등에서 차이가 있다. 그렇기 때문에도 여러 차례 충분한 반복을 할 필요가 있는 것이다.

다시 강조하지만, 당신은 인생이라는 비즈니스에서 성공해야 한다!

'성공의 법칙'을 공부하면서 받게 되는 자극과 얻을 수 있는 여러 가지 아이디어, 그리고 당신의 장점을 정확하게 짚어줄 본 저자와의 협력을 통해 당신은 인생의 명확한 계획을 수립할 수 있어야 한다.

그러면 당신은 지향하는 목표에 한 단계 다가서게 될 것이다.

열정(熱情)이란 어떤 일을 하고 싶도록 만드는 마음가짐을 말한다. 하지만 열정은 단지 그것만이 아니다. 열정은 전염된다. 열정을 가진 사람과 만나는 모든 사람은 그 열정에 영향을 받을 것이다.

사람과 열정과의 관계는 증기 기관차와 증기와의 관계와 같다. 열정은 행동을 일으키는 원동력이다. 자신의 일에 열정을 가지고 있다면 그 일은 힘들거나 지루하지 않을 것이다. 열정은 마음뿐 아니라 신체 구석구석에 에너지를 준다.

열정을 개발하는 방법은 어렵지 않다. 가장 좋아하는 일을 하는 것만으로 열정의 개발은 시작된다. 만약 좋아하는 일에 매진할 형편이 되지 않는다면, 당분간 현재의 일에 충실하되 미래에는 그 일을 하고야 말겠다는 '명확한 중점 목표'를 잊지 말라.

인간이 노력을 하는 가장 최종적인 이유는 행복을 얻기 위해서이다. 그런데 행복이라는 것은 미래의 성취를 꿈꿀 때에만 유지될 수 있다. 행복은 과거에 있지 않고 언제나 미래에 있다. 행복한 사람은 아직은 얻지 못한 미래의 성취를 꿈꾸는 사람이다.

열정이란 생명력이다. 이것을 충분히 개발하지 못한 사람은 성취를 위한 첫걸음조차 제대로 내딛지 못할 것이다. 인생의 명확한 목표에서 매우 멀리 떨어진 곳에 있을 수도 있지만 가슴속에 열정의 촛불을 켜두고 그 촛불을 오래오래 불태운다면 자신의 목표 앞에 있는 모든 장애물들은 눈 녹듯이 사라져버릴 것이다.

성공하기 위해서는 행동가가 되어야 한다. '아는 것'만으로는 충분하지 않다. 결국 성공은 아는 동시에 행동하는 것이 필요하다는 것이다. 이때 열정은 지식을 행동으로 바꾸는 주요원인이다.

열정은 물고기에게 물이 필요한 것처럼 세일즈맨에게 필수적인 요소이다. 성공적인 세일즈 매니저들은 열정의 철학을 이해하고 이를 다양하게 활용하여 실제적으로 판매를 촉진하고 증가시킨다.

세일즈맨이 마침내 거래가 성사되는 '심리적' 순간이 다가왔음을 느낀다면, 이때 세일즈맨은 자기 자신의 열의가 구매자의 마음에 영향을 끼쳐 두 사람의 마음이 조화롭게 '일치' 되었음을 느끼게 된다.

생각하는 것은 암시 절차에 적용되는 방식 가운데 가장 중요하다. 왜냐하면 당신의 생각에 따라 당신이 말하는 음색이 변할 것이고, 당신의 행동도 변할 것이기 때문이다. 만약 당신의 생각과 행동과 말(음색을 포함하여)이 적절히 조화된다면 당신과 이야기하고 있는 사람은 당신에게 영향을 받지 않을 수 없게 된다.

암시는 자기가 남에게 영향을 미치고자 할 때에 사용되며, 자기암시는 자기 스스로에게 영향을 미치고자 할 때 사용된다. 암시를 통해 다른 사람에게 영향을 미치고자하는 경우 그 사람의 마음 상태는 반드시 중립적인 상태이어야 한다. 중립적인 상태란 자신의 암시를 받아들일 마음의 준비가 되어 있는 상태를 일컫는다.

암시와 열정은 마음에서 마음으로 전달된다! 가슴에서 불타는 열정의 불꽃으로 글을 쓸 때만이 독자를 감화시킬 수 있는 것이며, 진정에서 우러나는 메시지에 확신을 담아 연설할 때만이 청중을 움직여 메시지를 받아들이게 할 수 있다.

암시(暗示)는 미묘하면서도 가장 강력한 심리현상 가운데 하나이다. 사람들은 말을 하고 생각을 하는 모든 과정에서 이를 사용하고 있는데 이러한 암시에는 긍정적인 암시와 부정적인 암시가 있다.

인간의 마음만큼 불가사의한 구성체는 없을 것이다! 그 가운데서 가장 특징적인 것은 외부의 암시를 통해서든, 자기암시를 통해서든 받아들여진 인상은 본질상 서로 조화를 이룰 수 있는 것끼리 그룹을 이뤄 무리를 짓게 된다는 것이다. 가령 긍정적인 인상이 어느 곳을 차지하게 되면 부정적인 인상은 그곳에 있지 못하게 된다.

두려움의 감정이 조금이라도 들게 되면 그것과 관련한 불쾌한 경험들이 되살아난다. 결국 두려움의 마음이 자리잡고 있는 한 용기의 감정이 생겨날리 없고 이 둘은 함께 자리할 수 없다. 둘 중 하나는 먹고 나머지는 먹히는 것이다.

끼리끼리 유유상종이라고 하였다. 의식에 깃든 마음과 생각은 비슷한 성질의 생각들을 끌어들이는 성향을 지니고 있다. 그래서 과거의 경험에서 비롯된 감정과 사고, 그리고 느낌들이 의식세계에 자리잡게 되면 유사 성질의 지원병들이 이를 지지하고 그런 방향으로 작용하도록 도움이 될 태세를 갖추게 된다.

인상에 오래 남는 것은 당신이 말하고자 하는 내용보다는 그 내용을 얘기하는 어조와 태도에 달려 있다. 그러므로 호의적인 인상을 오래 남기고자 한다면 목적이 진실하고 정직하며 열정으로 뒷받침되어야 한다는 것이다.

인간이 지속적이고도 진정한 의미의 힘을 가질 수 있는 것은 그 사람의 인품 때문이다. 기억할 것은 명성과 인품은 다르다는 것이다. 명성은 사람들이 그렇다고 믿는 것이고, 인품은 실제 사람됨을 가리킨다. 영향력을 지닌 사람이 되고자 한다면 진정한 인품의 소유자가 되어야 한다.

인품은 단순한 광물을 금으로 바꿔줄 수 있는 도구와 같다. 인품을 지니지 않았다면 인간은 아무런 존재도 아니며 어떤 존재도 될 수 없다. 다만 얼마 값어치도 나가지 않는 뼈와 털, 그리고 살덩어리에 불과하다. 인품은 구걸할 수도, 훔쳐올 수도, 살 수도 없는 것이다.

인품은 자신이 형성시킴으로써 얻어질 수 있는 것이며 자신의 사고와 행위를 통해서만이 형성할 수 있는 것이다. 인품과 열정을 지닌 사람은 같은 인품을 지닌 사람들을 끌어당기는 힘을 가지게 된다. 자기암시의 원리를 이용하면 누구라도 그의 과거와 관계없이 건전한 인품을 형성할 수 있다.

※ 《꿈꿔라! 인생이 바뀐다 : 나폴레온 힐 성공의 법칙 ① - 성공학편》에서 못다한 이야기들이 《행동하라! 성공이 온다 : 나폴레온 힐 성공의 법칙 ② - 성공술편》에서 계속됩니다.

중앙경제평론사
중앙생활사

Joongang Economy Publishing Co./Joongang Life Publishing Co.

중앙경제평론사는 오늘보다 나은 내일을 창조한다는 신념 아래 설립된 경제 · 경영서 전문 출판사로서
성공을 꿈꾸는 직장인, 경영인에게 전문지식과 자기계발의 지혜를 주는 책을 발간하고 있습니다.

꿈꿔라! 인생이 바뀐다 : 나폴레온 힐 성공의 법칙 ① - 성공학편

초판 1쇄 발행 | 2009년 3월 27일
초판 2쇄 발행 | 2011년 10월 15일

원저자 | 나폴레온 힐(Napoleon Hill)
편저자 | 김정수(Jyungsoo Kim)
펴낸이 | 최점옥(Jeomog Choi)
펴낸곳 | 중앙경제평론사(Joongang Economy Publishing Co.)

대   표 | 김용주
책 임 편 집 | 한옥수
본문디자인 | 신경선

출력 | 현문 종이 | 한솔PNS   인쇄 · 제본 | 현문
잘못된 책은 바꾸어 드립니다.
가격은 표지 뒷면에 있습니다.

ISBN 978-89-6054-054-5(04320)
ISBN 978-89-6054-053-8(전2권)
원서명 | The Law of Success in Sixteen Lessons

등록 | 1991년 4월 10일 제2-1153호
주소 | ⑩100-789 서울시 중구 왕십리길 160(신당5동 171) 도로교통공단 신관 4층
전화 | (02)2253-4463(ᡴ) 팩스 | (02)2253-7988
홈페이지 | www.japub.co.kr 이메일 | japub@naver.com | japub21@empas.com
♣ 중앙경제평론사는 중앙생활사 · 중앙에듀북스와 자매회사입니다.

▶ 홈페이지에서 구입하시면 많은 혜택이 있습니다.

중앙
북샵
www.**japub**.co.kr
전화주문 : 02) 2253 - 4463

※ 이 도서의 국립중앙도서관 출판시도서목록(CIP)은 e-CIP 홈페이지(www.nl.go.kr/cip.php)에서
이용하실 수 있습니다.(CIP제어번호: CIP2009000674)